中国浦东干部学院学术著作出版资助项目

国家治理视角下我国中央与地方财政关系改革研究

丁菊红 著

中国财经出版传媒集团

经济科学出版社
Economic Science Press

图书在版编目（CIP）数据

国家治理视角下我国中央与地方财政关系改革研究/
丁菊红著 . -- 北京：经济科学出版社，2022.6
ISBN 978 - 7 - 5218 - 3526 - 7

Ⅰ. ①国…　Ⅱ. ①丁…　Ⅲ. ①中央与地方的关系 - 财
政关系 - 财政改革 - 研究 - 中国　Ⅳ. ①F812.2

中国版本图书馆 CIP 数据核字（2022）第 049483 号

策划编辑：李　雪
责任校对：王苗苗
责任印制：王世伟

国家治理视角下我国中央与地方财政关系改革研究

丁菊红　著

经济科学出版社出版、发行　新华书店经销
社址：北京市海淀区阜成路甲 28 号　邮编：100142
总编部电话：010 - 88191217　发行部电话：010 - 88191522
网址：www. esp. com. cn
电子邮箱：esp@ esp. com. cn
天猫网店：经济科学出版社旗舰店
网址：http：//jjkxcbs. tmall. com
北京季蜂印刷有限公司印装
710×1000　16 开　14.75 印张　210000 字
2022 年 7 月第 1 版　2022 年 7 月第 1 次印刷
ISBN 978 - 7 - 5218 - 3526 - 7　定价：62.00 元
（图书出现印装问题，本社负责调换。电话：010 - 88191510）
（版权所有　侵权必究　打击盗版　举报热线：010 - 88191661
QQ：2242791300　营销中心电话：010 - 88191537
电子邮箱：dbts@ esp. com. cn）

前　言

财政是国家治理的基础和重要支柱，中央与地方财政关系是多级政府的核心所在，一定程度上反映了国家权力的纵向配置。合理而稳定的中央与地方财政关系，有利于调动各级政府的积极性，并通过激励和约束机制影响经济社会发展、资源配置效率及民主政治等。中央与地方财政关系既是现代化财税体制的重要组成部分，也是国家治理现代化的必要基础。

自从中华人民共和国成立以来，我国中央与地方财政关系就经历了几次重大变革，并与国家治理的各方面改革相配合，共同推进了经济社会发展。改革开放后，我国经济保持 40 多年持续的高速增长，也在很大程度上和中央与地方财政关系的适时调整密不可分。从最初实施的"统收统支"财政体制，到中央放权让利的"分灶吃饭"财政体制，再到 1994 年以提高中央财权财力为目的的分税制改革，以及党的十八大之后，目前正在进行中的以"共享"

和"共担"为特征的现代财税体制建设。党的十九大和十九届四中全会的报告上，也两次提出要"建立权责清晰、财力协调、区域均衡的中央和地方财政关系"，进一步凸显了中央与地方财政关系改革的重要性。可以说，我国中央与地方财政关系改革既是整个财税体制改革的核心，也是经济体制乃至社会变革的信号灯。

本书从国家治理的全新视角探讨中央与地方财政关系改革，厘清我国财政体制改革的全过程及其相关绩效，找到各个变量间的内生互动关系，从而融入整个社会经济体制的改革中。进而在一个完整的体系内，对中央与地方财政关系做出合理而准确的判断。具体而言，本书先从中央与地方财政关系改革的动力源泉着手，通过建立多级政府间的动态博弈模型，分析相关动力变化机制及其可持续性，并进行一些相关国际比较。再从国家治理视角剖析我国中央与地方财政关系改革的历史演进，尤其是党的十八大以来的一些最新进展，从中提炼出我国中央与地方财政关系的特征性事实。

同时，本书还进一步细化中央与地方财政关系改革的各个具体方面，尤其是对事权与财权划分这一中央与地方财政关系改革的重中之重进行深入研究，借助问卷调查和实证研究等方法，揭示目前还存在的一些问题及其深层次原因，从而提出进一步完善我国事权与支出责任划分的机制设计。并对与此密切相关的转移支付问题进行理论和实证研究，选取一些具有代表性的国家治理变量，如反腐败、新型城镇化、公共服务供给等，对其和中央与地方财政关系的互动性进行实证检验等。此外，本书还从国家治理视角分析了中央与地方财政关系改革中较为引人关注的政府债务问题，从微观、中观和宏观三个层次剖析目前我国地方政府债务所面临的各类风险。由此，在国家治理视角下给出优化中央与地方财政关系改革的政策建议，包括明确中央与地方财政关系改革的定位及基本思路，提出中央与地方财政关系改革的激励相容机制设计方案和具有可操作性的建议，以及其他一些相关配套改革的措施，如行政体制改革、政府考核和晋升机制设计等。

　　由于中央与地方财政关系改革是较为宏观的概念，本书的研究则多从国家治理视角出发，重点剖析改革的微观基础及其传导机制，系统阐述具有中国特色的中央与地方财政关系改革，及其与国家治理间的内生互动性，展示其自我优化路径。目前，我国正走在建设现代化的中央与地方财政关系之路上，很多相关改革也还在逐步推进中。在此基础之上，今后将逐步建成具有中国特色的现代化财税体制，服务于现代化经济体系，以及社会主义现代化强国的伟大目标。

目录
CONTENTS

第一章

绪　　论

一、研究背景及价值

（一）研究背景

　　财政是国家治理的基础和重要支柱，中央与地方财政关系是多层级政府的核心，也是国家治理现代化的重要组成部分。从国家政体结构上看，我国无疑是单一制国家，实行的是人民代表大会制度。但由于我国国土面积大，人口多，政府架构的层级也多，且各个地区发展不均衡，中央既需要调动地方政府的积极性，也要避免地方政府的权力过度。因此，我国中央与地方关系一直备受关注，两者之间复杂而微妙，其中以中央与地方的财政关系最为关键，这部分利益的划分又与国家治理密不可分。可以说，中央与地方财政关系本身就是国家治理的重要方面。中央与地方财政关系通过激励和约束机制，影响政府和市场资源的配置结构及相关微观主体的需求，进而对一系列政府行为产生重要的影响，而这些都是国家治理的主要内容。

　　一般而言，财政体制是维系经济平稳运行的基本性制度，财政体制改革也是实现国家治理现代化的重要突破口。大量的理论和实践都证明了，财政体制改革牵一发而动全身，是整个经济体制改革的重中之重，而中央与地方财政关系则是改革的重点和难点，受到社会各界的普遍关注。合理而稳定的中央与地方财政关系，有利于调动各级政府在经济社会发展中的积极作用。而理顺和优化中央与地方财政关系，充分调动两者的积极性，也是财税体制改革的关键所在。从某种意义上讲，我国的各项改革都是围绕中央与地方财政利益划分的博弈而展开，特别是如何对既得利益方进行调整，这是一个有限或无限重复博弈的过程，以实现整体目标函数的最大化，也即，在满足激励相容条件下，实现公平和效率的平衡。

改革开放以来，我国经济能保持40余年的持续高速增长，很大程度上和中央与地方财政关系的适时调整密不可分，从国家治理的视角来看尤为如此，比如在基本公共服务均等化、新型城镇化建设和反腐败等领域的进展，均和中央与地方财政关系的不断优化有密切联系。而我国的中央与地方财政关系，自中华人民共和国成立后，就历经了几次重大改革：从最初"统收统支"的大一统财政体制，到后来的"分灶吃饭"，再到1994年以提高"两个比重"为目的的分税制改革，以及目前还在进行中的以"共享"和"共担"为特征的现代财税体制建设。可以说，中央与地方财政关系的改革，是整个财税体制改革的核心，也是经济体制乃至社会变革的信号灯。

尤其是1994年的分税制改革，这是我国中央与地方财政关系领域一次具有深远影响的制度变革，奠定了现行中央与地方财政关系的基础。2012年党的十八大之后，我国财政进入了重大历史变革期，作为国家治理的总体布局，财政被赋予了基础和重要支柱的地位。党的十八大报告从全局和战略高度强调了，要全面深化经济体制改革，其中对加快财政体制改革提出了明确的要求，即"加快改革财税体制，健全中央和地方财力与事权相匹配的体制，完善促进基本公共服务均等化和主体功能区建设的公共财政体系，构建地方税体系，形成有利于结构优化、社会公平的税收制度"。后来，党的十八届三中全会通过了《中共中央关于全面深化改革若干重大问题的决定》，其中第五部分单列出了"深化财税体制改革"，为现代财税体制建设做了重要战略部署。时隔一年，2014 年中共中央政治局又审议通过了《深化财税体制改革总体方案》，由此标志着新一轮财税体制改革的正式启动。经过 7 年多的时间，中央与地方财政关系改革已然取得了一些阶段性的成果，但同时也遇到了很多发展中的瓶颈，比如，建立事权与支出责任相适应的制度、调整中央与地方税收结构等，而这些均是下一步改革中央与地方财政关系的重点和难点。党的十九大报告中也明确指出，"加快建立现代财政制度，建立权责清晰、财力协调、区域均衡的中央和地方财政关系"。可见，这些重大会议和文件为理顺我国中央与地方财政关系、深化现代财税体制改革指明了方向。

如今，中国经济发展进入了新时代，已由高速增长转向高质量发展阶段，建立现代经济体系迫在眉睫，中央与地方财政关系也处于不断深化发展之中。在 2020 年党的十九届五中全会上，对"建立现代财税体制"又提出了新的要求，对中央与地方财政关系也有了新的指示，即"明确中央和地方政府事权与支出责任，健全省以下财政体制，增强基层公共服务保障能力"。这也是我国"十四五"规划的重要组成部分。特别是 2020 年突如其来的新冠肺炎疫情，叠加百年未有之大变局，让中央和地方财政关系迎来了进一步的调整优化期。而从国家治理视角来研究中央与地方财政关系改革也是题中应有之义，两者具有内在逻辑联系。因为从某种意义上说，后者本身就是国家治理的一个重要手段，而国家治理又会对中央与地方财政关系产生深远影响，两者相辅相成，构成了整个国家治理体系。由此可见，从国家治理视角研究中央与地方财政关系改革，既是理论和现实的内在要求，也是外部环境使然，有利于加深对这一问题的精准理解。

（二） 研究价值

从背景分析可知，研究中央与地方财政关系意义重大。本书立足于国家治理的视角，探讨中央与地方财政关系改革的方方面面，将国家治理这一宏观变量尽可能地细化和量化，从而融入整个中央与地方财政关系改革之中，有利于充实和发展具有中国特色的财政理论，并丰富我国财政体制改革研究，使之不仅仅停留在对财政关系本身的分析上，还创新性地拓展到了对政府治理等领域的探究，延展了财政理论的适用性，也是对我国这方面财政研究文献的有益补充，为相关领域寻找促使中央与地方财政关系均衡发展的机制设计方案提供了全面而系统的理论与实证证据，推动了财政理论在我国实践中不断发展，由此具有重要的学术价值。

和研究其他社会经济变量一样，目前对我国中央与地方财政关系的研究，大多数还停留在将其作为一种手段来看待的阶段，由此验证其是否可促进经济增长、提升公共品或公共服务供给、缩小收入差距或协调地区发展等。这些问题固然很重要，研究清楚有利于下一步的财税体制改革及解决一些现实问题。但这些研究却普遍缺乏一个前提，即忽视了对中央与地方财政关系本身的分析，假定公众对其认知是一致的，一味地分析变量间的关系，却使得中央与地方财政关系"悬在空中"，这种研究虽很有必要，但有失偏颇。因为中央与地方财政关系不仅是结果也是过程，与其他变量，乃至整个社会都存在着内生互动性。分析清楚中央与地方财政关系的历史演进过程、现阶段特点等，是这一研究重要的逻辑起点，而目的则是创造一个健全的外部环境，找到符合每一发展阶段的中央与地方财政关系，促使其与其他变量形成良好的互动关系，从而最终能够优化中央与地方财政关系，提高社会经济整体的福利水平，达到帕累托改进。

由此看来，研究中央与地方财政关系不仅是为了更好地服务于其他经济社会变量，而且是为了更好地完善中央与地方财政关系本身。

从国家治理视角出发，在一个完整的体系内，对其做出合理而准确的系统性判断，有利于实现高质量发展。因此，在进行中央与地方财政关系及其相关问题研究时，既不能否认其复杂性，又不能陷入与众多变量纠结不清的关系中，而是要明确中央与地方财政关系研究的重点，重视剖析其本身。最终，当这些文献放在一起时，就能系统地阐释我国中央与地方财政关系改革及其相关问题。

与此同时，从国家治理视角来研究中央与地方财政关系，还具有较强的现实意义与应用价值。近年来国际社会情况复杂，世界经济在大调整大变革中出现了一些新的变化趋势，即所谓"百年未有之大变局"，又遇上"百年未遇之大病毒"。各国政府都在或多或少地调整本国经济结构，其中财政体制改革是必不可少的一项重要内容，包括美国在内的各个西方国家，也都在财政上进行着较大的变革。而我国这些年来，国内经济发展面临较大的转型压力，众多不确定不稳定因素，特别是近两年来深受新冠肺炎疫情的影响，面临着供给中断和需求萎缩的双重冲击，困难可谓前所未有，也成为中华人民共和国历史上极不平凡的一段时间，但我国依然取得了显著的经济成绩。而财政就在其中发挥了重要作用，中央与地方财政关系也尤为引人关注。党的十九届四中全会明确提出"建立现代财税体系"，中央与地方财政关系改革及国家治理现代化都是我国目前亟须解决的现实问题。目前正在进行一系列的深化财税体制的改革，但也遇到了很多瓶颈，如各级政府事权与支出责任相适应的问题、地方政府债务问题等。与此同时，我国的国家治理，在反腐败、公共服务供给等领域，也面临诸多新挑战。本书所建立的理论框架及其相关分析，可以明晰优化中央与地方财政关系改革的路径，进一步理顺中央与地方政府财政关系，对于推动今后我国现代财税体制改革提供了切实有效且可行的政策建议，也进一步明确了具有中国特色的现代化财税体制改革之路，这些都具有重要的现实意义和应用价值。

二、书中所涉及的重要概念

（一）国家治理

在国家治理视角下研究我国中央与地方财政关系改革，首先就要厘清国家治理的概念。它最早是建立在西方治理理论的基础之上，从英文词根上看，治理（governance）和政府（government）几乎是一样的。以罗西瑙（Rosenau，1992、1995）为代表的一些西方学者对治理提出了不少经典的定义，指出治理超越了传统政治所关注的国家制度范围，既包括必须严格遵循的政府正式制度规则和机制，也包括了符合大众利益的非正式、非政府的制度安排和机制。罗茨（Rhodes，1997）认为，治理意味着将市场的激励机制和私人部门的管理手段引入政府的公共服务，政府与民间、公共部门与私人部门之间在信任互利的基础上构建起协调的社会网络。1995 年联合国全球治理委员会（CDD）则将治理定义为，各种各样的个人、公共的或个人的团体处理其共同事务的总和，通过这一持续的过程，各种相互冲突的利益和不同的利益可望得到调和，并采取合作行动。这一过程既包括有权迫使人们服从的正式制度和规则，也包括各种人们同意或符合其利益的非正式制度安排。

由此可见，治理其实是介于统治与管理之间的一种行为或活动，是一个多向互动的协商参与过程，不仅行为主体、权力来源和向度是多样化的，而且是一个持续互动的动态过程。现代意义上的治理本质就在于公权力与市场、社会主体的持续互动，并力求三者之间达成相互制衡的局面。"治理"一词后来被广泛引入与国家、社会等相关的一系列活动中，形成了诸多的以治理为基础的概念，如全球治理、社会治理等，同时也拓展了其本身的含义。

20 世纪初，立足于国内特定的语境及话语体系，俞可平（2000）等提出"国家治理"这一理论概念，并逐渐成为热点议题。党的十八届三中全会正式提出推进国家治理体系和治理能力现代化的战略目标，并首次全面界定了"国家治理体系"和"国家治理能力"的基本内涵，认为国家治理体系和治理能力是一个国家制度和制度执行能力的集中体现，国家治理体系是在党领导下管理国家的制度体系，包括经济、政治、文化、社会、生态文明和党的建设等各领域体制机制、法律法规的安排，也就是一整套紧密相连、相互协调的国家制度；国家治理能力则是运用国家制度管理社会各方面事务的能力，包括改革、发展、稳定、内政、外交、国防、治党、治国、治军等各个方面。可见，国家治理体系和治理能力是一个有机整体，相辅相成，有了好的国家治理体系才能提高治理能力，提高国家治理能力才能充分发挥国家治理体系的效能。这是立足于现代化背景与我国国情，借鉴西方治理理论，认同其内在逻辑的有效性，对国家治理概念的一种重构。

此外，国内很多学者也对国家治理进行了诠释，比如，徐湘林（2014）认为，国家治理概念强调了转型社会国家发挥主导作用的重要性，同时也考虑到了治理理念所强调的社会诉求，应该是一个更为均衡和客观的理论视角。薛澜等（2015）学者认为，国家治理就是在理性政府建设和现代国家构建的基础上，通过政府、市场、社会之间的分工协作，实现公共事务有效治理、公共利益全面增进的活动与过程。何增科（2018）认为，国家治理是治理主体对社会公共事务开展合作管理，在尊重和补偿合法既得利益的基础上，增进公共利益，维护公共秩序。

综上所述，从广义上看，国家治理囊括了"国家生活"的方方面面，如政治、经济、社会、文化、生态等；从狭义上看，国家治理则主要是指政府治理，可以被看作是对各级政府行为的描述，本意与治理一脉相承。并且，现代国家治理强调将市场激励机制、私人部门管理手段共同引入政府公共服务，并依靠相互影响的行为者之间的多种互动，创造国家治理结构和治理秩序。换言之，国家治理就是对影响国民经济社会发展的现代化要素进行综合治理，包括经济发展、科教发展、资源环境、民生服务等不同维度。而本书以国家治理视角来研究中央与地方财政关系改革，既有广义上的概念，即研究不仅是针对国家经济发展目标，也包括公共服务等在内的一系列经济社会发展的综合目标，也有狭义上的含义，即政府治理，因为中央与地方财政关系本身就是各级政府行为的集中体现，也是国家治理题中应有之义。

众所周知，世界上除了一些规模极小的国家外，大部分国家都拥有包括地方政府在内的多级政府体制。通常而言，地方政府也会因为国家政体的不同而有所不同。在我国这样的单一制国家中，地方政府通常是指中央政府，即国家级政府以下的各层级政府，包括省级政府，即次国家级政府，以及省以下的地方政府。由于我国地域广，民族多，地区发展不均衡不充分，以及一些历史文化沿革等因素，目前政府的层级共包括五级，从中央到省级、地市级、县级以及乡镇政府。根据《中国统计年鉴2021》，截至2020年底，全国行政区划中，共有34个省级区划、333个地级区划、2844个县级区划、38741个乡镇级区划，是世界上拥有政府层级最多的国家之一。除了中央政府，从省到乡镇的这四个层级政府通常都被称为地方政府。且随着社会经济发展，任何国家治理都不可能只由单一层级的政府来实施，各级政府的职能或者说事权还都经常处于不断变化之中。因此，从政府层级来看，国家治理既指中央政府的治理，也包括地方政府治理。而本书中的国家治理视角，也会根据研究对象不同，分别对应不同层级政府的治理，即：中央政府治理和地方政府治理。

此外，国家治理也不是一个单纯的抽象概念，实际上它可以转化为由一系列指标组成的评估体系和分析框架。国家治理的指标体系构建较为复杂，据世界银行统计，目前世界上有140多套关于国家治理的评估体系，而较有影响力的主要有三种：一是世界银行的治理指标体系，涉及国家政策与制度评估、治理与反腐败等方面；二是联合国开发计划署的治理指标体系，包括民主治理指标、人文治理指标、市民社会和性别平等；三是经济合作与发展组织的治理指标体系，有资源管理、问责、透明度、腐败、参与、效率、法治、控制、信息获得、道德等指标。有别于西方国情及其价值评估标准，国内也有很多学者进行了国家治理体系指标的相关研究，如俞可平（2008）就从12 个维度设计了评估指标，每个维度下又有 116 个关注点和具体指标；高奇琦（2015）则设计了由基础性指标（设施、秩序和服务）、价值性指标（公开、公平和公正）和持续性指标（效率、环保和创新）三大类内容构成的国家参与全球治理指数。还有些学者从政府绩效的角度来进行衡量，如吴丹（2019）从经济发展、科教发展、资源环境和民生服务四个维度，构建国家治理绩效评价指标体系。而本书也会在具体章节的分析中，采用相关代表性指标来进行研究。

　　当然，由于治理本身的多元互动性和动态性，有时很难用定量加以说明，且在国家治理结构中，最重要的就是中央与地方关系，其中又以财政关系最为重要。因此，需要强调的是，本书以国家治理视角研究中央与地方财政关系，而非研究国家治理本身。虽然有些章节中也会涉及具体的国家治理及政府治理，特别是实证研究部分，采取相应的指标来研究，如反腐败、公共服务供给等，从而便于展示国家治理和中央与地方财政关系的具体互动，但全书研究还是以中央与地方财政关系改革为主，国家治理仅仅是提供了一个更广的视角。

（二）中央与地方财政关系

　　中央与地方财政关系是本书最为重要的概念，一般也被称为"政府间财政关系"，它是中央与地方关系的核心内容，也是现代化国家治理的重要方面。但对这一概念的理解还需进一步清晰化。通常情况下，基于有效管理国家和政府治理的需要，拥有多级政府架构的国家都需要建立起一套符合本国国情的财政体制，以此来在分工和合作的基础上处理中央与地方财政关系。换言之，中央与地方财政关系是政府间权责划分的基本组成部分，它对各级政府履行职责和实现政策目标的方式与效率有着深远的影响。

同时，中央与地方财政关系又是个复杂的系统工程，关乎社会政治经济的方方面面。从广义上说，它包括了预算管理体制、税收管理体制以及各种财务管理体制等。其不仅指简单的政府财政收支活动和财政的分级管理，还包括如何在中央与地方政府间进行相应的管理权限划分标准及其过程，也即各个要素的划分及其相互制约的关系，并使用不同的财政手段来与各级政府所承担的责任相一致。

细化分析，中央与地方财政关系的构成要素主要包括事权、财权、支出责任和财力四个要素①。从支出侧来看，包括事权和支出责任。其中，事权也称作"财政事权"，指各级政府承担的运用财政资金履行的任务和责任，即"干什么事"，具体指提供什么样的公共服务或公共品，一般可以分为中央财政事权、地方财政事权，以及中央与地方共同财政事权。支出责任是指一级政府履行财政事权而必须承担的财政支出义务，即"谁干事，谁出资"。

而从收入侧来看，则包括财权和财力两个要素，它们均与事权和支出责任紧密联系。其中，财权指在法律允许下，与财政收入相关的一系列权利，也即各级政府筹集和获得收入的权利，主要包括税收权、收费权、发债权等，即"筹资权"。而财力，则是指一级政府为履行财政事权而必须获得的足额资金，是以货币衡量的财政资源，即"能出资"。狭义上的财力来自前述的财权，即政府直接组织和支配的财政收入，而广义的财力，则在此基础上将转移支付等二次收入分配包括在内，即财政资金分配的最终结果。理论上，财力要满足财政

---

① 其实，事权和支出责任不仅是财政问题，也是行政管理体制问题，甚至是政治体制问题。其划分除涉及行政权划分外，还和立法、司法等部门相关，是"大事权"的概念。在本书中，若不特别指明，对事权等要素的讨论限于财政事权。

事权的支出需求，即财政事权与财力要相匹配。但实际上，由于各个地区发展不均衡，而中央政府又通常相对地方政府集中了更多的财力，在地方政府本级财政收入，即财力不足以负担本级支出责任时，就需要中央政府通过转移支付来弥补财力缺口。这几个要素之间简要的关系，如图 1-1 所示。

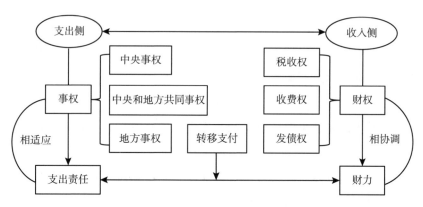

图 1-1　中央与地方财政关系中的四要素

由此可见，这四个要素是中央与地方财政关系的基础，也可将其理解为一种制度安排，既是对各种财政利益，包括财政收入、其他收益等进行分配；也是对各种相应的责任，包括对事和对财产的责任进行划分。因此，其核心就在于如何在中央与地方政府之间划分责任和利益。从逻辑关系上看，政府的事权决定了其支出责任，并受到财力和财权的约束。在单一政府中，事权与支出责任通常是一致的，但多级政府中经常存在事权与支出责任不统一的情况。且事权和财权之间也并非一一对应，两者经常处于不对等之中，如：有了财权不一定就有财力，因为财力是和当地经济发展水平相关；而有了事权，一般来说也需要有相应的财力，才能履行责任。因此，不能一味地强调财权与事权匹配，而需要财力、财权与事权相协调。这几者之间的逻辑可以概述为：财政事权要与支出责任相适应，而支出责任则又要与财力相匹配，当地方政府的财权不足以达到相应的财力时，就需要进行相关的转移支付。由此，才能形成一个运行良好的中央与地方财政关系。

现实中，由于大部分国家都采取了多层级政府的形式，相应地也存在中央与地方财政关系问题。不过，由于政体不同及其他一些原因，各国中央与地方财政关系的差异很大。就我国中央与地方财政关系而言，与西方国家相比，最本质的区别在于政治基础的差异。西方国家中央与地方财政关系，因其大多是建立在三权分立的政治基础上，中央和地方政府的关系相对独立，并以较为松散的形式存在。在财政上强调的也是制衡思想，以法律或法规的形式规定各个政府的财政行为。这些原则决定了中央和地方政府在财政的具体操作层面上几乎互不干扰，尤其是财政资金的运作上，宏观管理、监督和日常事务分开运作。

而我国中央政府则具有绝对权威性，实行相对垂直的行政管理体制，上下级有隶属关系，政府间关系的总原则是"下管一级"，即每一级政府只负责制定其下一级政府的财政体制。这一点和西方截然不同，表现在财政关系上也是如此。特别是我国省级以下的财政关系其实并没有统一的体制，随着政府级别的不同，财政体制或者说政府间财政关系也会不一样。需要说明的是，限于篇幅及着重点，本书中的地方政府并未涉及省级以下的地方政府，也就不涉及其相应的财政关系改革。原因在于我国省以下的地区差异性较大，各地方财政体制差异性也较大。比如，有些地区很早就实施了"省直管县"体制，而有些地区则时至今日还没有实施[①]。不过，其实在我国省级政府，包括副省级城市，既是各地区各项事务的主导者，也是政府间财政关系

---

① "省直管县"是指为缓解基层财政困难，解决政府预算级次过多等问题，在现行行政体制与法律框架内，省级财政直接对县（市）财政的一种财政管理方式。如：浙江省几乎一直实行的就是省直管县财政体制，海南也是自建省以来便实行"省管县"体制。2004年省直管县财政体制改革开始试点，并在全国范围内逐步推广。2009年初，中央明确提出推进省直管县财政体制改革，发布《关于推进省直接管理县财政改革的意见》，并主要采取渐进式改革方式，虽然各省改革具体措施存在差异，但基本内容相似。

的主体，起到承上启下的重要作用，是国家治理众多环节中的关键。所以，虽然本书主要研究的是中央与省级政府间的财政关系，但鉴于其他政府间的财政关系也主要受中央与省级之间财政关系的影响和指导，因此这种研究对其他政府层级间财政关系改革也同样具有参考价值。从国家治理视角剖析中央与地方财政关系改革，厘清其中规律，有利于各级政府间财政关系的改革，促进社会经济发展。

（三）分权、集权与放权

在中央与地方财政关系问题中，"分权""放权"和"集权"是几个非常重要的概念。简言之，这里主要是指中央在多大程度上将事权及财权分配给地方，即地方在财政收支方面拥有多大的自主权。这是中央与地方财政关系的核心所在，也是相对而言可以量化的方面。

众所周知，无论采取何种形式，只要不是很小的城邦，任何国家都必定存在多层级政府，并在不同层级的政府之间进行职权的配置。西方的分权思想早已有之，主要是指有关公共职能的权利和责任从中央向各级地方政府，即中央以下各级政府或准独立的政府组织或私人部门转移。而财政分权则是从分权衍生而来的最重要的概念之一，是指地方政府可以自行决定税收的保留和配置，或拥有其他财政方面的权利，如收费、制定地方财政预算等。西方国家的财政联邦主义就十分强调"财政分权"，即在权威总量不变的条件下，权力从中央向地方转移，且集中在财政权威上。以美国为例，其州政府就享有比较独立的财政自主权，包括税种、税率的决定权等。而中央政府则通常拥有自己独立的税种和税收来源，不会过多干预地方政府的财政。

而财政集权则和财政分权相反，较为典型和极端的例子就是我国计划经济时期的"统收统支"财政体制。这种财政上的"集权"，是指地方政府完全没有独立的财权和事权，也包括预算权等，其财政收支均由中央政府安排。由此可见，分权和集权其实是就分权程度而言的，分别处于权利配置的两端：分权程度越高，则财政分权度越大；

反之，则相对集权。且这里要说明的一点是，只有在中央和地方之间建立起一种相对稳定且比较紧密的政治关系后，分权才有可能。而大多数情况下，一国采取怎样的财政分权，是倾向集权还是分权，取决于各种复杂的因素，也存在较为明显的差异性。不过，在实现条件、功能及其作用等方面，各国的财政分权及相关效应有相似之处。比如，高度集权会降低地方的灵活性、自主性和积极性。而分权也有两方面不同的效应，一方面，财政分权能在一定程度上促进地方政府之间的竞争，对地方政府提升供给公共品也有一定的促进作用，从而有利于提高经济效率。同时，财政分权还能够分散和防控风险等。另一方面，财政分权度过大，也会导致规则的统一度降低，不利于地区间经济增长，甚至造成"向下竞争"等现象。此外，因为各国经济基础或制度条件不同，在现实中财政分权效应的发挥也可能很不一样。因此，分权和集权都不是绝对的，必须在现实条件下权衡利弊，找寻其中的最佳分权度。

对我国而言，很难用单一的"集权"或"分权"来形容中央与地方财政关系，即便用"财政分权"来描述，也和具有联邦制背景国家的财政分权有所不同，准确地说，我国中央与地方财政关系是一种具有中国特色的财政分权。因为我国是单一制国家，在政治框架上明显不同于西方国家，人民代表大会制度是我国的根本政治制度，中央政府具有绝对权威，与地方政府之间存在显著的委托代理关系。这一点与采取财政分权的联邦制国家完全不同，这些国家的中央与地方政府在行政管理上互不隶属，尤其在财政方面，相互间的权利义务是由具有契约性质的联邦宪法进行规范，各自拥有自主权。

而我国的财政分权则是通过对财政收支的不同安排来实现的。具体包括如何划分中央和地方政府财政收支的比例，在政府间采用何种税收分享模式，实施怎样的转移支付体制，如一般或专项转移支付的比例等。这些不同的财政手段就是中央与地方财政关系的重要载体。而财政分权又体现了中央和地方政府间的利益格局关系，它既是政府间利益分配的基础，也是国家治理的关键所在，影响到政府活动的方方面面。

这里还需要辨别的一个概念是"放权"。和分权类似，放权也是描述中央对地方权力的一种配置，但它和分权还是有所区别。放权更像是一种行政性分权①，在社会主义计划经济体制中较为常见，是一种在保持计划经济的框架下，一方面，国家对经济资源实行全面控制，另一方面，则又把部分决策权下放到下级行政单位，而这时地方并没有多少资源可以自由配置。因此，"放权"还不是真正意义上的财政分权。虽然其初衷也是"放权让利"和"调动积极性"，但没有涉及稀缺资源的有效配置，仅仅凭借行政手段实施分权，以此来试图调节经济社会发展。而我国在计划经济初期就实施过诸多的这种放权措施，但由于当时还没有引入市场机制，资源也未实行分散化配置，并不是现代意义上的经济性分权，所以称之为"放权"。因此，在这种经济体制下，中央与地方财政关系经常处于"一放就乱、一收就死"的局面中。

纵观我国经济体制改革的历程，这三种不同内涵的分权形式，都曾或多或少地出现在中央与地方财政关系改革中，而不同内涵的分权形式，也都和当时国家治理息息相关。更进一步地说，我国国家治理的改革，其实很大一部分也是在进行分权化，即为了调动地方政府积极性，由中央向地方政府进行分权，而其中最为重要的就是实现中央和地方财政关系上真正的分权，从而建立起适宜的中央和地方财政关系。因此，在本书的研究中，若不加以特别说明，放权、分权等都可以看作广义上的"财政分权"。而这是以市场经济为目标的分权，让市场在资源配置中发挥决定性和基础性作用，也是现代经济学研究分权的主要内容，和国家治理关系密切。中央政府不仅把许多经济管理

---

① 20世纪60年代，舒尔曼（Schurmann，1966）就曾指出社会主义经济中存在着两种分权：一种分权是把决策权一直下放到生产单位；另一种分权是只把决策权下放到下级行政单位。后者就是一种行政性分权。

权力下放给地方政府，让地方有一定的自主决策权，而且把许多财政权力也下放给地方，使中央和地方政府能够分享财政收入。这种激励使地方政府有强烈的热情和意愿去推动地方经济增长。因此，中央与地方财政关系改革其目的本身就是为了实现国家治理的现代化，两者有异曲同工之处。而从国家治理视角研究中央与地方财政关系也就成了顺理成章之事。

三、国内外相关研究评述

（一）传统分权理论视角的研究

对我国中央与地方财政关系改革及其相关问题的研究始于 20 世纪八九十年代，当时分税制改革正处于热议中；同时，国际上分权化改革的浪潮也风起云涌。如前所述，由于中央与地方财政关系通常也被称为财政分权，长期以来对其研究都被看作是财政学的范畴，采用的也大多是诞生于西方联邦制国家的分权理论。如：以蒂伯特（Tiebout）、马斯格雷夫（Musgrave）和奥茨（Oates）为代表的第一代财政分权理论，主要是从传统经济学视角分析财政体制问题，考虑政府职能如何在不同级次之间进行合理配置及相应财政工具的分配。而第二代财政分权理论则较为强调激励相容机制，以达瓦提庞特和马斯金（Dewatripont and Maskin，1995）为代表，其理论的立足点是好的市场效率来自好的政府结构，通过市场效率提供支持性的政府系统，从而构造考虑到相应激励机制的政府治理结构。

我国理论界在研究中央与地方财政关系时，也非常重视分权理论。从能查阅到的学术文献来看，以"财政分权"为关键词的文章频频出现。特别是进入 21 世纪后，随着我国财政体制改革步伐的加快，更是涌现出大量这方面的文献，近十几年更是呈现井喷局面。从中国知网（CNKI）的搜寻结果来看，以"财政分权"为主题的文章多达上千篇，其中 98% 的文献出现在 2000 年以后，且较为均匀地分布于近二十年之中。由此可见财政分权也即中央与地方财政关系的研究之热。不过，在这些汗牛充栋的研究文献中，对现实的准确阐述，以及对中央与地方财政关系改革起指导性作用的并不多。甚至很多文献对概念本身的解读就不甚准确，从而影响了研究的理论和现实价值。

在这些以分权理论研究我国中央与地方财政关系的文献中，最具代表性的就是钱和温斯特（Qian and Weingast, 1997），他们认为，我国的这种财政分权体制形成了经济上的激励和约束机制，保证了有效率的改革持续进行，并提出"中国特色经济联邦制"这一概念。大量相关的实证研究也证实了这一观点，认为我国现有的财政分权体制有利于提高资源配置效率，促进了经济发展（Lin and Liu, 2000；沈坤荣和付文林，2005）；特别是分税制后，这种关系较为显著（张晏和龚六堂，2006；张军等，2008）。还有些研究，如朱和郑（Chu and Zheng, 2013）利用内生增长理论和公共品理论构建了相关联立方程，用面板数据实证分析，结果表明我国财政分权促进了地方政府公共品和服务供给，优化了资源配置，也促进了区域增长。

还有些学者从分权的政治激励角度进行研究，如蒙蒂诺拉等（Montinola et al., 1995）认为，中国的政治制度为经济提供了可置信承诺市场，促进了经济发展，因而有别于其他发展中国家的财政绩效（Bardhan and Mookherjee, 2006）。周黎安（2007）则提出"晋升锦标赛"，认为我国中央政府在考核地方官员时以当地 GDP 增长为主要指标，从而促进了各地对 GDP 指标的标尺竞争，由此带来地方经济迅速增长。

此外，佩雷兹和瑞文（Perez and Raveh, 2015）研究指出，财政分权体制激发了地方税收竞争，通过降低税费，吸引资金和人才，从而提高资源的配置效率，促进经济增长。格里索里奥和普罗塔（Grisorio and Prota，2015）也认为，财政分权度的变化会对地方财政支出结构产生影响，从而有效提高资源配置效率。

（二）基于国家治理视角的研究

这些基于传统分权视角的研究主要集中在中央与地方财政关系改革对各种经济变量的影响效应分析上，对国家治理的关注分析不多。而财政作为政府行为的集中表现，与国家治理息息相关。中央与地方财政关系也是国家治理的直接体现。但由于其中的传导机制复杂，财政对国家治理的效应呈现不确定性，研究也尚存争议。如赫塞和沙（Huther and Shah，1998）就认为，财政分权体制明显地促进了好的国家治理形成，这其中包括公民参与、政府取向和社会发展等，从而对政府质量和民主扩张都起到积极作用。普律多姆（Prud'homme，1995）从激励角度分析，财政分权体制在维护市场改革和效率上起到正面作用，但由于其实施主体政府也存在寻租等行为，甚至可能在高强度激励下导致政府的失效，因此，对国家治理也有不可忽视的负面影响。鲁本和朱娃夫斯卡娅（Ruben and Zhuravskaya，2007）研究表明，在缺乏地方政府可问责制的情况下，高强度的经济激励反而容易导致政府官员的腐败、省级保护主义和被既得利益集团所俘获等行为。

而阿尔通巴斯和桑顿（Altunbas and Thornton，2012）通过对64个国家的研究发现，财政分权对抑制腐败、规范政府行为具有正面效应。莫格思（Moges，2013）的研究也认为，通过深化财政分权改革，可以有效地提高公共部门的效率，提升经济、政治和社会治理等能力。同样，尼基和查拉姆（Ngini and Chalam，2016）的研究也证实，财政分权可以促使地方政府形成有效的治理机制，从而提高公共服务的效率。

国内类似的一些研究发现，财政分权也会助长地方保护主义，引起地区发展的不平衡，拉大各个地区在医疗、教育等公共服务方面的差距（严冀、陆铭，2003；平新乔，2006）。还有些学者直接研究政府治理和我国中央与地方财政关系，如陶然等（2009）就认为，我国财政分权体制不利于政府间相互合作，会造成地区间竞次式发展，且不具备可持续性。贾俊雪等（2011）利用县级面板数据研究，考察了财政分权体制和地方政府治理结构在促进我国县级财政解困中的作用，发现财政分权体制的作用具有不对称性，且对国家治理结构的改革并未发挥明显成效。倪红日（2012）认为，我国财政体制存在的主要问题就是事权与财力不匹配，造成公共服务差距，不利于国家及政府治理。

党的十八届三中全会明确提出，财政是国家治理的基础和重要支柱，将其提高到了一个前所未有的新高度，之后出现了大量关于我国财政体制改革的新研究。特别是从国家治理的角度进行的研究，吕炜、陈海宇（2014）认为，现代财政制度必须以国家治理体系和治理能力现代化为逻辑起点，服务于各类市场主体，并指出新一轮财政体制改革所面临的挑战及相关政策建议。楼继伟（2015）认为，深化财税体制改革不是政策上的修修补补，更不是扬汤止沸，而是一场关系国家治理现代化的深刻变革，其目标是建立现代财政制度，即有利于优化资源配置，维护市场统一，促进社会公平，实现国家长治久安的科学的可持续的财政制度。刘尚希（2018）则认为，国家治理现代化的关键是以合适的手段、科学的方法、风险的思维，将国家治理中的不确定性降到最低，而财政政策和财税体制改革就是以最优的方式和方法，向国家治理中注入确定性。高培勇（2019）从总体部署的高度指出，在我国全面深化改革中，财税体制改革是两个基本角色，既是突破口，又是主线索，其用意在于以财税体制改革和现代财政制度作为破立面，为国家治理现代化打开局面，深化进程。这些宏观层面的剖析，为从国家治理角度研究中央与地方财政关系奠定了良好的基础。

其中，还有一些更为细化的研究，如李俊生等（2014）和于树一（2015）就侧重于政府间事权和支出责任方面，认为明晰这两者才是建设现代财政体制改革的核心。还有的研究，从具体财政收支的角度进行，游宇等（2016）探讨了纵向与横向财政支出对政府治理绩效的影响，并给出了相关政策建议。王华春、于达（2017）则从财力与支出责任角度研究了政府环境治理问题，认为财力缺口会加大环境治理等方面的问题。

另一些研究则更为侧重政治视角的分析。如杨志勇（2014）指出，政府间财政关系的改革，应遵循同时调动中央和地方两个积极性的路径。马万里（2015）认为，地方政府才是财政分权治理和政府合意的着力点，我国改革的下一步不在财政体制之内，而是在之外的政治治理模式，建立法治主导型财政分权体制。马骁、周克清（2016）从国家治理机制出发，认为财政体制改革必须适应国家治理现代化及政府角色转变，实现法治化、民主化等。马国贤（2016）认为，分级财政体制是现代国家治理的核心制度，要建设责任型政府。徐博、庞德良（2017）研究指出，现代财政体制的构建是政府治理从"善制"走向"善治"的重要途径，通过制度化权力配置，约束地方政府行为，提高法治化水平，完善财政体制改革。潘鹤思等（2018）基于财政分权的视角，利用演化博弈分析，研究了中央与地方两级政府的生态治理，提出在财政分权体制改革的同时，需创新地方政绩考核机制等。不过，总体而言，这些研究政策性强，偏重于宏观框架，理论基础相对薄弱，缺乏对具体微观机制的深入剖析。

由此可见，目前从国家治理视角研究中央与地方财政关系改革还远远不够，亟须充实和完善。由于我国中央与地方财政关系具有复杂性，不仅与诸多经济变量产生互动，而且受到社会政治体制的影响也不可小觑，因此，需要从更为宏观的视角来审视中央与地方财政关系。而以往的众多研究都无一例外地把中央与地方财政关系当作了外生变量考虑，没有对其产生、发展和变迁做深入而细致的研究，尤其是缺乏从国家治理视角进行的分析。这些研究实质上是延续了新古典经济增长理论传统，即基本上不考虑政府，而把社会经济的发展归结为资本、劳动等生产要素的增长。[①] 其实，国家治理与中央和地方财政关系具有显著的内生性，两者互动密切，搞清楚其中的传导机制，对下一步的中央与地方财政关系改革大有裨益，而这也是本书研究的初衷。

四、研究思路、研究方法与主要内容

（一）本书研究思路与方法

中央与地方财政关系改革是一个较为宏大的论题，研究时需要找到切实可靠的出发点和落脚点。从国家治理这一视角切入，主要阐述中央与地方财政关系是什么、为什么需要改革和怎样进行改革这几个方面，并按照文献综述、理论建模、实证检验以及政策建议这样层层递进的研究思路展开。旨在厘清国家治理视角下中央与地方财政关系如何改革及其相关效应，以及与其他变量之间的联系，找到国家治理与优化央地财政关系的内生互动性。并通过建立多级政府间动态博弈模型，剖析中央与地方财政关系对反腐败、公共服务供给等这些国家治理中较为重要的几个方面影响。由此，提出优化中央与地方财政关系的激励相容机制设计方案，为建立现代化国家治理体系和财税体制提出切实有效的政策建议。

从国家治理视角来研究中央与地方财政关系改革是个复杂的系统工程，因为其不仅指财政的分级管理，也包括了相应的政治行政管理

---

① 直至诺斯（North，1981）开创了制度经济学，认为资本和技术等要素是经济增长的结果，而并非原因，真正起作用的是社会制度及其所决定的激励结构，拉·波塔等（La Porta et al.，1999）也认为政府作为最重要的制度安排人，其治理结构对社会经济具有重要影响。这时体制改革的"黑箱"才逐渐被打开，而政府作为一个重要的变量也进入了相关分析中。

权限，以及权限划分的标准及其过程。由此，也决定了研究涉及诸多学科，研究方法也应从多角度多层次展开。因此，本书的研究以经济学为主，辅以其他相关学科。从经济学角度来看，用财政学的相关理论进行研究最为贴切。并且，前述的财政联邦主义理论是最为普遍的研究方法。但考虑到我国特殊的初始条件——既不是完全的市场经济，也并非全由中央或地方政府来调配资源，现实中两者兼而有之，因此，这种较为成熟的理论在我国的适应性有限。而本书的研究，也会在考虑我国现实条件下，择机选择相应的理论。

具体来看，在不同的章节中根据相关内容采用研究、规范分析或实证研究等三种研究方法。并且，以激励理论、新政治经济学、新制度经济学理论等作理论基础，采用实证计量及其他一些较新的实证估计法，以保证研究的科学性和可靠性。并探寻以省级数据为主，利用调查问卷的方式，辅以个人数据，以保证研究的科学性和可靠性。

此外，当研究中央与地方财政关系某一方面问题时，会侧重其中某一种方法，但同时结合其他相关学科的理论。比如，常见的研究财政分权与经济发展或其他经济变量的关系，就可以部分运用财政理论、合同理论、新产业组织理论及各种基于现代计量方法的定量研究法；再比如，研究中央与地方财政关系中各级政府的职责定位，就需引入行政管理的视角，使用偏重于政治学的相关研究方法；而当涉及中央与地方财政关系中各种权利的界定及其合法地位时，法学方法又不可或缺。此外，还有其他一些适应性较广的研究方法，如问卷调查法、比较法等。但不管运用哪种方法，都和我国实际紧密结合，并注意考虑目前新阶段、新格局和新理念等大背景。这些研究方法的综合运用，都是为了拓展中央与地方财政关系的研究空间，使其更加丰满且贴近实际，最终建立起科学而全面的分析框架。

（二）本书研究的主要内容

本书共分八章，每个章节环环相扣，除了第一章之外，其余部分既可独立成章，又是全书必不可少的内容。如图 1－2 所示，本书共包含了三个模型和三个实证，其中，动态博弈理论模型是本书的基础，其他实证模型则是为了论证相关推断及命题而构建。下面就简要介绍各部分的具体内容。

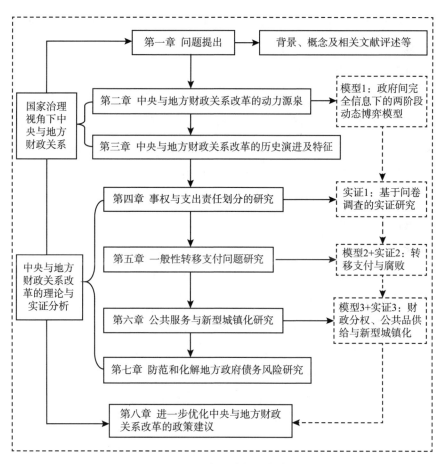

图 1－2　研究思路与研究内容

第一章"绪论"，主要是引出本书研究的问题，即为什么要选择以国家治理的视角来研究我国中央与地方财政关系改革。介绍了本书研究的背景及研究价值，阐释了所涉及的相关重要概念，并对国内外相关文献进行了评述，还简要说明了本书的研究思路、方法及创新之处。

第二章"国家治理视角下中央与地方财政关系改革的动力源泉"，主要论述了我国中央与地方财政关系改革的动力机制。从优化我国财政关系的动力源泉着手，通过大量数据进行国际比较，并就我国中央与地方财政关系改革与国家治理构建了一个完全信息下的两级政府的动态博弈模型，分析中央和地方政府在经济发展不同阶段的行为博弈，以及由此带来的动力变化机制和可持续性。

第三章"国家治理视角下我国中央与地方财政关系改革的历史演进"，利用制度经济学的方法梳理我国财政体制的变迁，尤其是党的十八届三中全会以来的最新进展。并总结出我国中央与地方财政关系的几个显著特征。可以说，这前三章是从宏观的角度总揽性地研究了在国家治理视角下我国中央与地方财政关系改革之路，之后再分章节细化中央与地方财政关系研究，为前面的宏观分析找到坚实的微观基础，以及其中相应的传导机制。

第四章"我国中央与地方事权与支出责任划分：基于问卷调查的实证研究"是本书研究的重点之一。事权与支出责任划分是中央与地方财政关系改革的关键，而这一问题又具有综合性和复杂性，不仅涉及财政体制，还关系到行政管理体制，甚至与政治制度都有千丝万缕的联系。在这一章中，立足于对现状和所存在的问题，同时借助对百余名学员的问卷调查，揭示出其背后的深层次原因，并对如何进行下一步的改革，提出切实可行的机制设计方案。

第五章"国家治理视角下我国一般性转移支付的实证研究"则是第四章的延续，因为在事权与支出责任问题研究中，转移支付是其中绕不过去的必要环节，而近年来，我国一般性转移支付制度改革步伐较大，在中央与地方财政关系中发挥重要作用。因此，本章以此为重点展开，对一般性转移支付的实施情况、存在的问题以及原因进行了深入分析。并且，还构建了转移支付与国家治理相关实证模型，选择反腐败作为代表性指标进行检验。发现目前我国转移支付与腐败存在一定的正向关系，相比专项转移支付，一般性转移支付对腐败的影响更为显著，并提出相关政策建议。

第六章"国家治理视角下财政分权与新型城镇化建设研究"，本章是用建设新型城镇化作为国家治理的代表性指标，构建相关指标和模型进行实证研究，剖析我国中央与地方财政关系与政府治理的互动关系。研究发现，财政分权度与城镇化水平显著正相关，这说明财政分权度的提高对城镇化建设确实发挥了重要作用。但同时，这两者对公共服务供给的提升却不利，也即影响了政府治理水平的提高。我国的城镇化还不是真正意义上的新型城镇化，财政分权体制与建设新型城镇化存在不匹配之处。

第七章"国家治理视角下防范和化解我国地方政府债务风险"，本章从历史视角，运用大量数据，分析了我国政府债务的历史沿革，进而指出目前我国地方政府债务所面临的各类风险和存在的突出问题，再从微观、中观和宏观三个层次剖析其动因。从而，有针对性地提出相应的机制设计和可操作性的政策建议。

第八章"国家治理视角下优化我国中央与地方财政关系的政策建议"，在前述各个章节基础上，明确了优化我国中央与地方财政关系的定位和基本思路，并落实到一些具体的政策措施上。

五、特色与创新之处

以往对我国中央与地方财政关系的研究，更多地将其作为一种工具来看待，以此来验证其是否能促进经济增长、提升公共品或公共服务供给，缩小收入差距或协调地区发展等。这些问题固然很重要，研究清楚有利于解决现实问题。但这些研究却缺乏一个前提即忽视了对中央与地方财政关系本身的分析，假定公众对其认知一致，而一味分析变量间的关系。因为中央与地方财政关系不仅是结果，更是一个过程，与其他变量乃至整个社会都存在着内生互动性，分析清楚现阶段我国中央与地方财政关系的特点及所处的外部环境，是这一研究重要的逻辑起点，而目的则是创造一个健全的中央与地方财政关系外部环境，找到符合每一发展阶段的适度财政分权度，促使它与其他变量形成良好的互动关系，从而最终提高社会经济整体福利水平。

因此，本书从国家治理的视角分析中央与地方财政关系改革，明确研究的目标不仅是为了更好地服务于其他经济政治变量，而且也是为了更好地优化中央与地方财政关系本身。在一个完整的体系中对中央与地方财政关系做出合理准确的系统性判断。因此，在进行相关问题研究时，既不能否认中央与地方财政关系改革的复杂性，又不能陷入与众多变量纠结不清之中。本书在这些方面进行了一些尝试和创新，选取了有代表性的国家治理变量进行了有益而深入的探讨，如反腐败、公共服务供给等，从理论上全面而系统地构建了我国中央与地方财政关系改革的研究框架，并从实践角度加以深入分析，使得研究更具有操作性和可行性。此外，由于中央与地方财政关系以及国家治理都是较为宏观的范畴，本书从激励和约束的角度找寻两者间坚实的微观基础及传导机制，系统性地阐述具有中国特色的财政体制改革，及其与国家治理之间的内生互动性，展示财政体制自我优化的路径。并由此构建出一个相对完整的理论框架，这也是在内容方面的集成创新。

此外，从观点创新上看，本书提出了一些独特的看法，并予以论证。如，第二章以探讨中央与地方财政关系改革的动力机制为主题，这是财政体制改革的源头问题，而在讨论改革的相关文献中却经常被忽视，研究发现，搞清楚动力源泉及机制，才能使得改革有章可循，保障其可持续。并由此构建了一个完全信息下政府间动态博弈模型，借此分析我国国家治理与财政分权体制改革之间的互动关系。

从方法上看，本书还运用一些较新的实证方法，从更深层次上揭示各个解释变量间的互生关系，兼顾理论、实证及对策性研究。比如，采用问卷调查的方式研究事权和支出责任的划分等，这在国内相关文献中也并不多见。再比如，在搜集腐败数据方面，由于该指标较为隐蔽，本书采取了爬虫技术，从相关法律文库中爬取数据，用于实证分析。这也是对腐败指标的一个创新。

另外，本书以学术研究的范式对相关政策进行了全面阐释，如在"事权与支出责任划分"的撰写过程中，相关政策就开始有了调整，而这也正好契合了所提出的政策建议。还比如，在"地方政府债务"章节的撰写中，中央就不断出台相应的政策规章，而相关内容也与研究中所提出的体制机制设计不谋而合。虽说这并不是完全意义上的创新，但也是一种对政策的预见和提前诠释。

第二章

国家治理视角下中央与地方财政
关系改革的动力源泉

中央与地方财政关系改革贯穿整个中国经济体制改革的全过程，其改革力度之大、时间跨度之长、改革频率之高，在国家治理中也是占据了重要地位。目前，理论界较为一致的认识是：财政分权①改革是我国经济发展的关键性因素，中国经济改革的成功在很大程度上就是因为采取了正确的财政分权改革路径，从而"一开始就搞对了政府激励"。中央与地方财政关系改革的推进是经济发展的重要因素，如果不将其简单归结为偶然性因素或中央政府的大胆尝试，那就必须认真审视一个问题，即：中央与地方财政关系改革的动力源泉究竟从何而来？到底是内生于经济发展，还是外在的目标导向？它与国家治理之间又存在怎样的互动关系？

一般而言，财政分权与经济发展之间有明显的内生性。财政分权不仅能决定经济发展，反过来，经济发展也会对财政分权水平产生直接而有力的推动。财政分权体制赋予了地方政府剩余索取权，也被认为是我国经济改革成功的基础性动力。但如果仅仅把经济发展看作财政分权的动力源泉也会有所不妥。因为这无法解释一个历史事实：就

---

① 通常情况下，中央与地方财政关系也被称为"财政分权"，本章中若未特别指明，两者可以通用。且需特别说明的是，全书中的"分权"均指财政意义上的分权，而不触及政治意义上的分权。

经济发展而言，事实上我国在 20 世纪 60 年代前就存在着分权改革的动力，而真正的中央与地方财政关系改革却推迟了 10 多年，直到 20 世纪 70 年代末才正式启动。所以，仅从经济角度分析有失偏颇，而应从两个维度去看待财政分权改革的动力源泉问题：一个是经济维度；另一个则是政治维度。前者是经济发展产生的动力源泉；后者是政治体制博弈产生的动力源泉，两者均与国家治理密不可分。因为无论是国家治理体系的构建，还是国家治理能力，都是中国特色社会主义制度及其执行能力的集中体现，而中央与地方财政关系改革则是经济体制改革中最核心的部分之一。

理解中央与地方财政关系改革的动力源泉问题，有助于找到现阶段中央与地方财政关系存在问题的成因，以及今后保持可持续发展的动力。尽管由于财政分权产生的升迁激励机制，使我国基础设施等公共品投资增加较快，并带来中国经济的迅猛增长，但与此同时，它所带来的科教文卫等软性公共品投入不足的问题也十分突出，现代化国家治理的综合绩效评价并不高，人民福祉也有待进一步提升。党的十八届三中全会明确提出"财政是国家治理的基础和重要支柱"，党的十九届四中全会又将"坚持和完善中国特色社会主义制度、推进国家治理体系和治理能力现代化"作为重要主题。两者之间既是传承，也是发展。中央与地方财政关系改革与国家治理现代化之间息息相关。而这些证据均指向一个问题，即：我国中央与地方财政关系改革并没有完全符合高质量发展和国家治理现代化的要求，还需进一步完善。由此也再次说明了，研究中央与地方财政关系改革的动力源泉问题具有必要性和紧迫性。

一、我国中央与地方财政关系改革的动力 源泉：特征性事实

（一）经济维度的动力源泉

经济发展对财政分权改革会产生内在需求，这是分权改革的经济动力源泉。我国中央与地方财政关系改革的历史也充分证明了这一点。而这与西方财政分权理论所述的"分权动力来自提高地方公共品供给效率"有所不同。从改革开放初期来看，这种特殊的分权动力机制与当时我国向社会主义市场经济转轨的背景紧密联系。

1. 改革开放初期中央与地方财政关系改革的经济动因

改革开放伊始，我国国民经济发展滞后问题已非常严重，原有财政的"统收统支"体制很难适应经济发展的需要。于是，由1978年"包产到户"的经济改革，引发了"大包干"为特征的分权改革，确定了"定收定支、收支包干、保证上缴（或差额补贴）、结余留用、一年一定"的包干制。这种以"分灶吃饭"为特征的中央与地方财政关系，不仅突破了以往财政"大一统"的局面，而且也从体制上激发了地方政府的积极性。由此，在一定程度上缓解了地方的财政压力，也开启了我国地方政府财政激励机制的积极探索。之后，我国经济开始逐步好转，并迎来了全国经济建设的高潮，成为改革开放的重要突破口。而这一点，也是很多研究财政分权的学者所认同的关于财政分权的经济激励作用，即：财政分权体制可以成为一种相容性激励机制，为地方经济发展提供动力。同时，在经济动因下，财政分权体制的变革也进一步促进了社会经济结构的一些调整。

2. 分税制改革的经济动因

同样，1994 年的分税制改革客观上是经济原因，即中央政府面临财政困境，因为之前的"大包干"体制虽然对激发地方政府活力发挥了一定的积极作用，但因为具有强制性和非正式等特点，造成了各地乱施税收优惠，使得税收难以有效集中，"两个比重"即中央财政收入占全部财政收入的比重和中央财政收入占 GDP 的比重，逐年下降，中央财政连续多年被动赤字。从国家治理视角看，不要说中央政府提供更多的公共品和服务，就连履行一般的支出责任，实施宏观调控的能力等都受到极大限制，严重弱化了中央政府的财政掌控能力。分税制就是在这种背景下提出，其初衷就是试图通过重新划分中央与地方的财权和事权，重塑中央政府的财政能力。而分税制改革后，中央政府的财力显著提高，与当初的包干制相比，政府的各项财政收入也都更为规范，明确了各级政府的利益边界，从而进一步释放了地方政府的活力，促进了新一轮经济的快速发展。

3. 现代中央与地方财政关系改革的经济动因

然而，由于当时分税制改革进行得还不够彻底，仅对中央和地方政府间的财政支出划分有明确规定，而对政府间事权的划分则显得较为笼统。因此，在这之后，上下级政府间的"职责同构"现象开始越发突出，政府间职责模糊，特别是事权与支出责任的不匹配，带来权力的不清，执行效率低下。到 2000 年前后，很多地方出现了县乡基层政府财政困难等现象。这些纵向和横向的财力不平衡所带来的财政压力，促使中央与地方财政关系不断进行改革和完善。比如，先后在一些地方实施了"省直管县"以及"乡财县管"等财政体制改革。这些中央与地方财政关系上的改革，对国家治理现代化起到了积极的推动作用，特别是针对基本公共服务体系的建议，就是在中央和地方财政收支规范化和合理化后，开始得到有效推行，并为今后实现基本公共服务均等化奠定了坚实的基础。

这些历史事实和改革逻辑充分说明了，一直以来，中央与地方财政关系和经济发展都是紧密联系的，两者相互作用。经济发展的需要是财政分权体制演变的基础性动力源泉，而财政压力则是分权改革的直接动因，顺应经济发展的中央与地方财政关系改革即便会在前期遇到一些阻力，但因为与经济发展具有内在的契合性，之后也更容易得到推广。而这些不仅有利于推动经济的可持续发展，也会对国家治理现代化起到积极的促进作用。

（二）政治维度的动力源泉

当然，仅仅有经济动力，仍不足以推动中央与地方财政关系改革。政治动力对财政分权改革同样发挥着关键性作用。这里的政治动力，不仅指一般意义上财政分权的政治激励，即以"锦标赛"理论为代表的政府官员升迁激励机制，而且是从整个政治体制来看，中央与地方政府之间持续的相互博弈关系。

1. 中央与地方财政关系改革的政治动因：反例

这里可以通过正反特征性事实来加以说明，并理解其中的逻辑关系。第一个反例是我国在社会主义建设初期的分权改革。当时，随着我国第一个五年计划的顺利完成，为促进经济建设的迅速发展，地方政府要求中央政府扩大其财权，以便更好地服务经济。1958 年，中央决定对地方进行权力大下放。但是，这次分权改革伴随着"大跃进"的路线，并没有很好地执行。并且期间的"大饥荒"也严重影响了政治集权体制下推行财政分权模式的路径①。随着这一路线在1961 年的彻底失败，促使中央政府开始重新收权。由此，这次中央

---

① 资料来源：刘畅，刘冲. 灾害冲击、"大饥荒"与内生的财政分权 [J]. 社会经济体制比较，2015（3）.

与地方财政关系改革失败的原因被归结为：分权下的地方政府好大喜功所带来的巨大经济浪费和发展的严重分割，这也可以看作是当时中央与地方政府进行政治博弈的结果。

第二个反例就是印度的财政分权①。印度的财政分权体制采取了在地方上不断选举的形式，但只到省一级，没有向下推进。且时至今日，向地方政府下放的真实财政权力，包括征税等方面仍然微不足道，对经济的激励作用明显不足。理论上，印度的经济发展瓶颈亟须引入地方政府间的竞争，以完成一场彻底的财政分权改革。但由于印度的政治体制对地方政府的激励不足，导致分权制度所隐含的"地方政府竞争"特性几乎不存在，反而是形成了政府之间的"向下竞争"，造成其政府治理绩效难以提高，公共品和公共服务的供给严重不足，而这也正是印度目前所面临的国家治理现状。

2. 中央与地方财政关系改革的政治动因：正例

而对于中央与地方财政关系改革的政治动力源泉，有两个正面的例子可以论证其重要性。一个是我国 1994 年的分税制改革，这是中华人民共和国成立后财政体制最大的一次变革。当时，正是借助于中央政府的政治权威，才使得这场 20 年前的变革重新得以顺利实施，解决了中央政府财力捉襟见肘的局面，并初步稳定了中央与地方财政关系。虽然分税制改革的基础动力源泉来自经济发展，但其得以顺利实现，很大程度上还是依赖于中央政府收权的政治动力，制约了地方政府要求放权的政治动力，使得分权改革的政治与经济动力能相互适应，并且国家治理也在其中得到进一步的稳定和发展。

另一个例子则是正在进行中的我国现代财税体制改革，在 2021 年发布的"十四五"规划中，就提到要"建立现代财税金融体制"。

---

① 资料来源：李欣. 世界主要国家财政运行报告（下）——印度［J］. 经济研究参考，2016（69）.

党的十九大报告中也明确指出，要"加快建立现代财政制度，建立权责清晰、财力协调、区域均衡的中央和地方财政关系"。其实，早在党的十八届三中全会上，习近平总书记在关于《中共中央关于全面深化改革若干重大问题的决定》的说明中就阐述了，"随着形势的发展，在分税制改革的基础上逐步形成的财政体制已不完全适应合理划分中央和地方事权、完善国家治理的客观要求，更不能适应转变经济发展方式和促进经济社会持续健康发展的现实需要"。① 特别是近几年来，一些不相适应的财税制度还引发了一些棘手的问题，包括"土地财政"、地方政府隐性债务风险等。而财政作为国家治理的基础和重要支柱，已然成为国家治理能力和治理体系现代化的一个重要抓手，构建合适的中央与地方财政关系，是保障国家治理现代化目标实现的重要条件。从 2016 年开始，我国就陆续出台了众多领域的中央与地方财政事权与支出责任划分改革方案，从基本公共服务划分的整体方案，到医疗卫生、科技、教育、生态、文化等各个分领域，为进一步理顺中央与地方财政关系奠定了良好的制度基础。同时，从所得税改革，到全面推行"营改增"，以及 2019 年国务院发布的关于《实施更大规模减税降费后调整中央与地方收入划分改革推进方案》等，实质上也都是在逐步调整中央与地方财政关系。中央与地方事权与财权上全方位改革措施的推出，反映了我国正逐步从行政管理体制上的这些"大事权"上入手，在一定的政治动力下，有效地推动整个中央与地方财政关系的改革。

通过深入分析这些特征性事实可知，财政作为国家治理的关键环节，它连接了经济和政治制度，也深深地嵌入了经济、社会和政治体系之中。特别是在中央与地方政府博弈的过程中，产生的政治动力也是推动财税体制改革的一个重要方面。而在经济动因下实施中央与地

---

① 资料来源：中共中央编写组. 中共中央关于全面深化改革若干重大问题的决定[M]. 北京：人民出版社，2013.

方财政关系改革，不仅推动了财税制度现代化，也为国家治理体系和治理能力现代化奠定了扎实的制度基础。

二、我国中央与地方财政关系改革的政治与经济动力源泉：国际比较

以上通过对我国中央与地方财政关系改革的一些特征性事实分析，以及其中的逻辑梳理，不难得到一个推论，即：政治动力与经济动力能否有效衔接和相协调，是中央与地方财政关系改革取得良好效果及保持活力的关键。而这一点从其他国家财政分权改革的实践上来看，也无一例外。

（一）部分发达国家中央与地方财政关系改革的特征

这里选取四个经济发展水平接近，且政体上也有一定差异的西方发达国家，在简要分析其中央与地方财政关系的基础上进行比较研究。首先来看两个联邦体制的国家。一个是财政联邦制最为典型的美国，其宪法明确规定了各级政府的财权和事权，联邦、各州以及地方政府（由州政府赋予）都拥有独立的税收权力，税权相对分散，竞争激烈。但由于拥有良好的税收协调机制及转移支付制度，其税收竞争并未扭曲税制结构和经济发展。在这种经济动力和政治制度的保障下，美国的中央和地方政府都有积极性，财政分权体制得以相对顺利实施。

另一个是德国，虽然它政体上实行的也是联邦制，但财政分权体制改革是在相对集权的框架下进行。虽然联邦和州也都有税权，但大多数税法都是联邦制定，并以共享税为主，客观上形成了各级政府间的利益共同体，从而有利于调动地方政府的积极性，使其通过有效引

导、协调和管理区域内的资源及其配置，发展本地经济和提高社会福利。而地方政府的财政缺口则靠各种横向和纵向转移支付来平衡，以此保证各地的财政支出责任。

其次，还有两个政治上采取单一体制的国家。一个是实行半总统共和制的法国，其财政分权改革是从高度集中转向适度分权，中央和各级地方政府的事权日趋明确。虽然税权还是由中央政府制定，但税源则明确划分。法国的财政分权改革增强了地方政府的可支配财力。同时，中央政府也加强了对地方政府的监督，防止了财政资金的滥用。

而另一个单一制国家是日本，其政治上采取的是君主立宪制，但其地方政府仍然具有较强的自治权。日本在中央与地方财政关系上有过几次重大改革，均与当时的经济、社会发展相关，并配以行政和人事，以及财政结构方面的改革。从税权上看，其采取了适度分权，中央与地方税收比约为 6∶4，且近年来中央税收有所下降。在支出责任上，则是根据关联领域的个别法加以明确，中央和地方支出比约为 4∶6，并通过转移支付从宏观上加以调节，由此平衡各地资金需求，促进横向分配公平。

（二）部分发达国家中央与地方财政关系改革差别的原因

根据世界银行公布的最新数据，2017 年美国、德国、法国和日本的人均收入水平分别排在全球的第 6、第 16、第 23 和第 22 位。可见，这四个国家的经济发展水平大体上是相当的。所以，这些国家进行财政分权的经济动力应当相似。但这四个国家的分权水平却存在较大差异性。根据国际经合组织（OECD）提供的相关数据，在 1995 ～ 2016 年，以收入水平度量分权，美国、德国、法国和日本的中央与地方财政收入比例平均值分别为：57∶43；65∶35；85∶15；65∶35。而以支出分权度量，它们的中央财政支出与地方财政支出比例平均值则分别为：51∶49；62∶38；81∶19；38∶62。

显然，这些国家财政分权程度的差别与这些国家分权的政治动力存在显著区别有密切关系。从国家体制上看，美国和德国同为联邦制，这两个国家的地方政府同时拥有较多的税权和事权，从而使得它们的分权程度也相对较高。相对而言，德国的分权度还要更高一些，这主要是因为与美国相比，德国以共享税为代表的合作型财政分权体制赋予了地方政府更多的税收权力与事权。

而作为单一制典型代表的法国，由于大部分税收权力和财政事权都掌握在中央政府手中，分权改革只能是有限的适度分权。而日本实行的是君主立宪制，中央政府控制了大部分的税收收入，因此其收入分权度较低。但日本的地方政府又有着较强的自治权力，拥有较多的事权。这就使得地方政府在政治上产生要求高比例财政支出权的动力，从而使日本出现较低收入分权度和较高支出分权度并存的现象。

由此可见，这些成熟发达的西方市场经济国家，其财政分权改革也同样离不开经济和政治两方面的动因，且均具有鲜明特征，即，拥有明确的支出责任划分，并用法律手段加以确定，经济上的税收竞争和促进经济发展的动力不容置疑，与此同时，政治上的明确保证也是激励各级政府的动力源泉。

更进一步地，可以把中国的相关数据与上述四个国家做一个比较。从1994年我国分税制改革之后，中央财政收入与地方财政收入的比例均值一直保持在47∶53左右，而中央与地方财政支出比均值约为30∶70。作为一个政治上实行人民代表大会制度的国家，从财政收支角度看，我国财政分权程度远高于单一制的法国，支出分权度甚至远超过同时期联邦制的德国与美国。这一方面是因为追求经济增长使我国产生了强烈的分权经济动力，另一方面则是因为我国的地方政府在改革过程中拥有了大量的事权，引发了追逐高分权度的政治动力。

三、我国中央与地方财政关系改革与国家治理：一个博弈模型的分析

　　为了更好地展示我国中央与地方财政关系改革的动力机制，生动刻画出经济和政治在其中的作用，本节将建立一个合适的理论分析框架，用博弈模型来研究中央与地方财政关系改革究竟是如何发生、进行，以及与政府治理的互动关系。这一博弈模型将从行为主体——中央和地方两级政府出发，基于不同的国家治理目标，动态分析在不同的经济发展阶段中，各级政府的行为博弈及其动力源泉，并推导出内生的合宜分权度，从而用一个简单的模型深刻地考察在经济转型中，我国中央与地方财政关系改革的动力机制和较符合实际的变化过程。

　　需要说明的是，这里的"国家治理"是从狭义上来说的，指政府治理，并将其定义为政府治理的偏好[①]，包括政府供给的规模和结构，政府自身及其所提供的一系列公共品及服务，以及政府治理的绩效，比如：是清廉还是腐败等。从经济学角度而言，虽然可将政府视为一个独立的微观主体分析，但其治理偏好与其他微观经济主体存在很大差别，因为政府治理更多地体现了社会各方博弈的结果。其中既有政治决策的冲突，又有经济利益的竞争，在多方博弈中形成了动态的政府治理偏好。因此，其含义及形成过程较之其他微观经济主体偏好更加复杂。

　　自改革开放以来，在我国特殊的五级政府架构之下，政府治理模式及其形成，可以说，既不是绝对的自上而下"集中式"，也并非自

---

　　① 现有经济学文献对政府偏好的研究并不鲜见，如阿罗（Arrow，1951）提出的社会选择理论，布坎南（Buchanan，1962）的公共选择理论，虽然在表达方式上迥异，但其本质均是对政府偏好及其形成的研究。不过这些理论的研究背景都是市场经济发达，且采取民主制或代议制政治制度的西方国家，与我国人民代表大会制的政权组织形式相距甚远。

下而上的"民意式"，而是介乎于两者之间的"民主集中制"。这种特殊的政府治理的形成与我国所采取的财政分权模式密不可分。由于世界上大多数国家实行的都是多层级政府体制，政府结构中至少包括中央和地方两级，而对我国这样差异性很大的国家而言更是如此。因此，如前所述，我国的政府治理又可细化为中央政府治理和地方政府治理，前者主要涉及一些由中央政府供给的公共品，如基础教育类的准公共品，它们属于外溢性较差的公共品，虽长期来看对整体经济有益，但短期则对地方经济发展的效果不明显。后者则是一些地方政府乐于供给的公共品，如基础建设等，其正外部性较强，不仅有利于吸引外地投资，还能提升地方政府政绩。此外，不同地区的经济差异也会造成各个地方政府治理偏好的不同，如：经济越落后的地区，往往地方政府治理绩效也越低；而经济越发达地区，地方政府治理越有效。并且，它们都对经济发展及财政体制改革产生了直接或间接的影响。

下面将通过构建多级政府博弈模型，来考察政府治理与财政体制改革间的关系，从而自然地引发出中央和地方政府财政关系的改革动力源泉及其程度问题。其中，以公共品供给作为中间变量，因为它是同时影响政府治理及中央与地方财政关系的一个重要变量。并且，中央与地方财政关系的不断变化也会反过来影响公共品供给。而这一互动关系的深层次原因，则可通过中央和地方政府治理的变化得到很好的诠释。这也正是本书将中央与地方财政关系改革放在国家治理视角下进行研究的一个内洽逻辑性。

（一）博弈模型分析的基本框架

根据信息经济学及激励理论，随着经济的发展，地方政府对财政分权产生了内在需求，因为分权下，政府治理可能更为有效。这体现在：一方面，地方政府可以利用不同的分权程度来提供不同的公共品，特别是在预算约束一定的情况下，通过采用不同的税收或补贴方式来决定最优公共品支出（Stiglitz et al.，1978），从而优化政府治理；另一方面，分权所带来的"自由裁量权"，也为地方政府治理的寻租提供了空间。因此，对地方政府而言，其对财政分权的渴望是毋庸置疑的。

但对中央政府而言，财政分权体制改革能否促进有效的政府治理，带来效率的提升存在很大不确定性。首先，分权体制改革下，中央和地方政府对不同治理偏好及效率的考量是不一样的；其次，地方政府的道德风险也是中央政府需要考虑的一个重要因素。正如达瓦提庞特和马斯金（1995）建立的 DM 模型中所描述的，在集权管理体制下，由于存在逆向选择和沉没成本，较差的项目反而更可能得到融资，软预算约束从而成为体制内生出的一种动态负面激励。后来，钱颖一和罗兰（1998）以这一模型为基准，分析了公共品供给激励，指出在集权体制下由于软预算约束的存在，公共品供给存在不足；而分权则有一定的硬化预算约束作用，使基础建设类公共品供给要大于集权下此类公共品的供给量，虽然公共服务类的供给激励仍然显得不足。由此证明，财政分权是降低软预算约束的一个较好选择，也是提升政府治理的有效路径。但巴德罕和慕克吉（Bardhan and Mookerjee，1998）则以扶贫和基础建设项目为例，指出无论分权还是集权都有可能造成地方政府的腐败等治理恶果，只有在某些条件下分权机制才更有效率，否则就容易被特殊利益集团所俘获，从而出现比集权情况下政府治理更糟糕的局面。可见，仅以集权和分权作为区分研究其对经济的作用，而忽视与各级政府治理之间的关系是有失偏颇的。

当然，现实中由于中央和地方政府治理偏好并不一致，各个国家之间的政治体制也千差万别，且存在信息不对称的情况，因此，财政分权的推进及其与政府治理的关系就更为错综复杂，如前所述的印度一例。而反观中国，这些年来，经济发展势头强劲，与财政分权体制密不可分，但政府治理却还需跟进。而要厘清财政分权在其中所发挥的作用，就需要从源头出发，进行经济、政治和社会等多维度的分析。

众所周知，我国实行的是人民代表大会制度，各项改革机制都是自上而下推进的，这也决定了各个地方政府治理偏好在开始时是基本相同的，可以认为都是为了发展当地经济，而这也是我国财政分权体制改革的经济动力源泉。其后出现的不一致，则往往是因为地区间有差异，政府治理偏好也发生了变化，政治动力源泉有了不一致性。为了论证和分析这一假设，构建一个博弈模型，具体如下。

这里先假设存在一个中央政府和两个地方政府，$i \in \{1, 2\}$，每个地方只生产一种私人品 x_i 和一种公共品 g_i，每个地方政府治理的偏好，也即公共品供给带来的效用参数为 τ，那么，根据贝斯利（Besley，2003）的研究，每个地方居民消费的效用函数则可表示为：

$$x_i + \tau[(1 - \mu)b(g_i) + \mu b(g_{-i})] \qquad (2-1)$$

因为相对于中央政府，地方政府的治理偏好可能更接近地区居民，因此，式（2-1）也可看作地方政府的治理效用函数。其中，参数 $\mu \in [0, 1/2]$ 代表了公共品消费的溢出效应，也可以理解为异质性偏好，指一地对另一地生产的公共品消费效用比例，当 $\mu = 0$ 时，表示一个地区的居民只关心自身地区公共品；当 $\mu = 1/2$ 时，一个地区的居民对各地公共品偏好相同。$b(g_i)$ 代表公共品 g_i 所带来的经济效应①。再假定地方公共品的价格为 p，则在集权下每个地方居民支付的税为 $\frac{p}{2}(g_1 + g_2)$，若两个地方公民偏好中值分别为 m_1 和 m_2，且对公共品的溢出效应认知一致，则它们的总效用函数为：

$$S(g_1, g_2) = [m_1(1 - \mu) + m_2\mu]b(g_1) + [m_2(1 - \mu) + m_1\mu]b(g_2) - p(g_1 + g_2) \qquad (2-2)$$

对式（2-2）求一阶导可得均衡价格②：

---

①　设定为二阶连续可导的严格凹函数，且每个地区消费效用可以和居民效用等价，两者之间设为线性相关。

②　根据福利经济学理论，最大化社会福利是公共品价格制定的目标。

$$p = [m_1(1 - \mu) + m_2\mu]b'(g_i) \qquad (2-3)$$

也即：$b'(g_1) = b'(g_2)$

为了将中央和地方政府治理偏好引入模型，再假设中央政府也生产公共品 g_3，则地方的消费效用为：

$$x_i + \delta[(1 - \kappa)b(g_i) + \kappa b(g_3)] \qquad (2-4)$$

而两地居民总效用函数为：

$$S(g_1, g_2, g_3) = [m_1(1 - \mu_1)b(g_1) + m_1\mu_1 b(g_3)] + [m_2(1 - \mu_2)b(g_2) + m_2\mu_2 b(g_3)] - p(g_1 + g_2 + g_3)$$

$$(2-5)$$

μ 下标表示不同的地方，其税收为 $p(g_1 + g_2)$，中央政府税收为 $p(g_3)$，由一阶条件可得公共品均衡价格为：

$$p = m_1(1 - \mu_1)b'(g_1) = m_2(1 - \mu_2)b'(g_2)$$
$$= (m_1\mu_1 + m_2\mu_2)b'(g_3) \qquad (2-6)$$

这里如何确定中央政府供给的公共品 g_3，以及两个地方政府供给的公共品 g_1，g_2 之间的比例是关键所在，也可以看作财政分权体制的动力源泉问题。下面，就利用这一模型，通过中央与地方政府之间的博弈来分析财政分权与政府治理之间的互动，分两个阶段来演绎。

（二）中央与地方政府博弈的第一阶段

在经济发展初期，各个地方经济差异并不是十分明显，中央和地方的政府治理偏好也基本一致，可以令其为 τ_1，由此，中央和地方政府公共品供给所带来的效用可分别表示为：$\tau_1 G(g) - C_c$ 和 $\tau_1 L(g) - C_l$。

在中央和地方政府治理偏好一致的情况下，若满足以下条件，就由地方政府供给公共品及公共服务：$\tau_1 L(g) - C_l(g) > 0$，且 $\tau_1 L(g) - C_l(g) - \tau_1 G(g) + C_c(g) > 0$。

在现实中供给基础建设类公共品时这种情况较容易发生。这和我国改革开放初期财政大包干体制较为相似。因为，此时政府之间信息相对完备，无论对中央政府还是地方政府而言，它们之间更接近完信息下的博弈，均有动力进行财政分权改革。进而，再假设两个地方政府分别生产公共品 g_1 和 g_2，中央政府生产公共品 g_3，则地方政府总效用函数可表示为：

$$S_l(g_1, g_2, g_3) = [\tau_1(1 - \mu_1)L_1(g_1) + \tau_1\mu_1 G(g_3)] +$$
$$[\tau_1(1 - \mu_2)L_2(g_2) + \tau_1\mu_2 G(g_3)] -$$
$$C_{l,1}(g_1) - C_{l,2}(g_2) \qquad (2-7)$$

同样，中央政府效用函数可以类似地表示为：

$$S_C(g_1, g_2, g_3) = [\tau_1(1 - \mu_3)((1 - \mu_4)L_1(g_1) + \mu_4 L_2(g_2)) +$$
$$\tau_1\mu_3 G(g_3)] - C_c(g_3) - C_t \qquad (2-8)$$

其中，μ_3 表示中央政府对地方政府供给公共品和对自己供给公共品的偏好度。同理，μ_4 衡量了中央对两个不同地方政府供给公共品的偏好。预算约束条件为：$g_1 + g_2 + g_3 = \delta$①，C_t 则是中央转移支付额。在 AGV 机制下②，每个地方政府获得的转移支付是在了解其他地方政府偏好的情况下，地方政府报告自己偏好所获得的转移支付额。在我国中央政府具有绝对权威，地方政府之间又存在竞争，这使得 AGV 机制能发挥充分作用。因此，这个机制设计较为合理。这里，可将地方政府获得转移支付额表示为：$\sum t(\mu_1, \mu_2)$，从而得到增加了预算平衡条件下（BB）的中央政府最优解方程：

$$(g_1^*, g_2^*, g_3^*) = \arg \underset{g_1, g_2, g_3}{\mathrm{Max}} [\tau_1(1 - \mu_3)(1 - \mu_4)L_1(g_1) +$$
$$\mu_4 L_2(g_2) + \tau_1\mu_3 G(g_3)] + \sum t(\mu) -$$
$$C_c(g_3, \mu_3) - C_t(g_1, g_2, \tilde{\mu}_1, \tilde{\mu}_2) \qquad (2-9)$$

$$\text{s. t.} \qquad g_1 + g_2 + g_3 = \delta$$

$$\sum t(\mu) = C_t(g_1, g_2, \bar{\mu}_1, \bar{\mu}_2)$$

其中，上标 * 号表示最优值。$\bar{\mu}_1$ 和 $\bar{\mu}_2$ 代表中央政府的转移支付来自它对地方政府治理偏好的判断，属于随机变量。第二个约束条件说明

---

① 这里 δ 是常数的外生变量。
② 这里是指公共品供给机制分析预算约束下公共品的效率问题。

中央政府能够通过 AGV 机制判断地方政府治理的偏好。中央与地方政府之间博弈的参与约束（IR）与激励相容（IC）条件自然满足，这样地方政府就可依此形成特定预期，而中央政府也可以判断出地方政府治理偏好。借鉴格罗夫斯（Groves，1973）机制和 AGV 机制，令：

$$t_i(\hat{\mu}) = E_{\theta_{-i}}\left(\sum_{j\in\{1,2\},j\neq i} V_j(g,\hat{\mu}_j)\right) + \rho_i(\tilde{\mu}_{-i}) \qquad (2-10)$$

其中，$\rho_i(\hat{\mu}_{-i}) = -C_{ct}$，"^" 表示估计值，$V_m(g,\hat{\mu})$ 是每个地方政府效用。前面加上 $E_{\theta_{-i}}$ 表示其他地方政府在知道了自身偏好的条件下的期望效用。假设委托人中央政府是利己的[1]，μ_4 会受到 μ_1 和 μ_2 影响，且有：$\mu_{4,1}>0$，$\mu_{4,2}>0$，这表明地方政府如果越偏好中央政府提供公共品，中央政府分配给地方政府的财政权力就越小。对上述政府最优解的模型构造拉格朗日函数，并求导可得：

$$\left.\begin{array}{l} \tau_1(1-\mu_3)(1-\mu_4)L'_1(g_1) - \theta = 0; \\ \tau_1(1-\mu_3)\mu_4 L'_2(g_2) - \theta = 0; \\ \tau_1\mu_3 G'(g_3) - C'_{c,g_3}(g_3,\mu_3) - \theta = 0 \end{array}\right\} \qquad (2-11)$$

令 $L_1(g_1)=\ln g_1$，$L_2(g_2)=\ln g_2$，$G(g_3)=\ln g_3$，$C_{c,g_3}(g_3,\mu_3) = \frac{\gamma}{\mu_3}\ln g_3$，$\delta$ 为正的常数，且 $\frac{\gamma}{\mu_3}<1$，$\frac{\gamma}{\mu_3}<\tau_1$，则最优解为：

$$\left.\begin{array}{l} g_1^* = \dfrac{\tau_1(1-\mu_3)(1-\mu_4)\delta}{\tau_1 - \dfrac{\gamma}{\mu_3}}; \\[3mm] g_2^* = \dfrac{\tau_1(1-\mu_3)\mu_4\delta}{\tau_1 - \dfrac{\gamma}{\mu_3}}; \\[3mm] g_3^* = \dfrac{\left(\tau_1\mu_3 - \dfrac{\gamma}{\mu_3}\right)\delta}{\tau - \dfrac{\gamma}{\mu_3}} \end{array}\right\} \qquad (2-12)$$

---

[1] 这里的博弈模型可结合两种机理：一是格罗夫斯机制，利用转移支付，通过竞争使地方政府显示其治理偏好；二是供给公共品和服务，使其在中央政府和地方政府之间配置，能够产生更大的效用。

再对以上三个表达式进行分析，其中对最优解 g_3^* 求 μ_3 的一阶导数得：

$$g_{3,\mu_3} = \frac{2\tau_1\delta}{\tau_1 - \frac{\gamma}{\mu_3}} - \frac{\left(\tau_1 - \frac{\gamma}{\mu_3^2}\right)\delta\tau_1}{\left(\tau_1 - \frac{\gamma}{\mu_3}\right)^2} = \frac{\left(\tau_1 + \frac{\gamma - 2\gamma\mu_3}{\mu_3^2}\right)\delta\tau_1}{\left(\tau_1 - \frac{\gamma}{\mu_3}\right)^2} > 0$$

$$(2-13)$$

可知，当 μ_3 增加时，g_3 就会增加，于是得到第一阶段政府间博弈的论断，即，当中央与地方政府治理偏好相同时，中央政府若认为其供给公共品或服务特质性越强，越不可替代，就会越倾向于集权生产；反之，则倾向于分权。这正好说明了我国在改革之初财政体制改革推行顺利的缘由。那时中央与地方的政府治理偏好相同，可以说都是为了经济增长，且中央政府并不会偏好供给公共品，于是在中央拥有绝对权威的情况下，只需优化中央政府行为，就可以得到公共品供给的最优激励，从而分权制度就能够顺利推行。

再对上述最优解求 μ_4 的一阶导数，得：

$$\left.\begin{array}{l} g_{1,\mu_4} = \dfrac{-\tau_1(1-\mu_3)\delta}{\tau_1 - \dfrac{\gamma}{\mu_3}} < 0; \\[4ex] g_{2,\mu_4} = \dfrac{\tau_1(1-\mu_3)\delta}{\tau_1 - \dfrac{\gamma}{\mu_3}} > 0; \\[4ex] g_{3,\mu_4} = 0 \end{array}\right\} \qquad (2-14)$$

式（2-14）表明，改革之初各地经济发展水平基本接近，产出也相同，中央政府对地方政府无明显的治理偏好，μ_4 接近 0.5，于是式（2-12）中 g_1 和 g_2 基本相等，即各地的分权程度基本一样。由AGV机制设计的各地方政府显示的真实偏好的变化，可以影响公共品在各地方政府间生产的比例，即降低较偏好中央公共品的地方分权水平，而提高较偏好本地公共品的地方分权水平。

（三）中央与地方政府博弈的第二阶段

经济增长之后，就进入了中央与地方政府博弈的第二阶段，此时政府治理与财政分权改革会产生怎样的互动关系？接着用博弈模型来模拟分析。假设中央和地方政府的效用函数与前面一致，但随着经济发展，地方政府开始注重自身利益，或者说，与中央政府治理偏好有所差异，于是，可求此时地方政府的最优分权度：

$$(g_1^*, g_2^*, g_3^*) = \arg \max_{g_1, g_2, g_3} S_l(g_1, g_2, g_3) = [\tau_1(1 - \mu_1) L_1(g_1) + \tau_1\mu_1 G(g_3)] + [\tau_1(1 - \mu_2)L_2(g_2) + \tau_1\mu_2 G(g_3)] - C_{l,1}(g_1) - C_{l,2}(g_2) \quad (2 - 15)$$

s. t. $\qquad g_1 + g_2 + g_3 = \delta$

可得：

$$g_2^* = \frac{\delta\mu_1[\mu_2\tau_1(1 - \mu_2) - \gamma]}{\mu_1\mu_2\tau_1(2 - \mu_1 + \mu_2) - \gamma(\mu_1 + \mu_2)} \quad (2 - 16)$$

如果两个地方政府对政府治理偏好相同，假设

$$\frac{\gamma}{\mu_3} < 1, \ \frac{\gamma}{\mu_3} < \tau, \ \frac{\gamma}{\mu_1} < 1, \ \frac{\gamma}{\mu_1} < \tau_1$$

则式（2-16）可以化简为：

$$g_2^* = \frac{\delta(\mu_1\tau_1(1 - \mu_1) - \gamma)}{2(\mu_1\tau_1 - \gamma)} = \frac{\delta\left(\tau_1(1 - \mu_1) - \frac{\gamma}{\mu_1}\right)}{2\left(\tau_1 - \frac{\gamma}{\mu_1}\right)} \quad (2 - 17)$$

若在这一阶段中央对地方政府还同样看待，即 $\mu_4 = 0.5$，则可得：

$$g_2^* = \frac{\delta\tau_1(1 - \mu_3)}{2\left(\tau_1 - \frac{\gamma}{\mu_3}\right)} \quad (2 - 18)$$

这里可以分以下两种情况讨论。

一是，如果中央和地方政府供给的都是基础建设类公共品，则 $\mu_3 > \mu_1$，即中央政府生产的公共品溢出效应大于地方政府。由此可

见，中央和地方政府要求的最优分权程度是不同的，比较以上两个最优解可知：当政府对公共品偏好足够大，且地方政府供给公共品所需成本$\left(\dfrac{\gamma}{\mu_1}\right)$足够小时，$\delta\left(\tau_1(1-\mu_1)-\dfrac{\gamma}{\mu_1}\right)>\delta\tau_1(1-\mu_3)$，$2\left(\tau_1-\dfrac{\gamma}{\mu_3}\right)>2\left(\tau_1-\dfrac{\gamma}{\mu_1}\right)$，式（2－17）最优解大于式（2－18），也即地方政府要求的分权程度通常更高。如果地方政府分权度代表了最优福利下的分权程度，则由中央决定的分权程度就会不足。

二是，如果中央政府供给公共服务，地方政府还是供给基础建设类公共品，则当经济发展到一定程度时，很可能出现：$\mu_3<\mu_1$，即地方政府比中央政府更偏好公共服务。此时，中央政府确定的分权程度会超过最优福利水平下的分权程度。但是，地方政府往往出于自身利益，特别是政治考虑，比如追求考核政绩等，又会把大量原本用于公共品或公共服务的财政资金投入基础建设。因此，就整个社会而言，基础建设类公共品会供给过多，而公共服务则供给不足，达不到社会最优福利水平，政府治理的绩效自然也会欠佳。

（四）模型对我国中央与地方财政关系改革的说明

通过动态分析中央与地方政府间的博弈，可以发现政府治理偏好与财政分权度之间存在复杂关系。经济发展初期，财政分权对两级政府都具有动力，尤其来自经济方面，但对地方政府来说，此时分权程度通常还不够，它们会要求中央政府加大分权程度；但随着经济发展，夹杂着政治因素，分权程度又容易过度，地方政府可能会要求减小分权度。只有在经济进一步增长之后，中央和地方政府要求的分权程度才可能达到一个较好的动态均衡。

其实，从前面分析过的我国中央与地方财政关系动力源泉的实践来看，也基本符合模型的推断。比如，改革开放初期，中央与地方政府治理偏好较为一致，可以看作完全信息下的委托代理关系，政治动力十足，经济动力更是十分强劲，财政分权改革的推行就十分顺利，且分权度不断提高，这和博弈模型的第一阶段十分吻合。当然，在这一阶段，地方政府要求的最优分权程度高于中央政府制定的分权度。也正因如此，在现实中有地方政府会不断要求加大分权度，或者说，截留更多的财权或财力等。此时，对中央政府而言，就会存在一定的经济诉求，这和1994年我国分税制改革前后的情况很相似。

进入博弈第二阶段后，中央与地方政府治理偏好开始不一致，经济动力和政治动力也发生变化。以我国分税制改革为例，这实际上是加强了我国中央政府的财力财权等，地方政府虽然很不情愿，但由于我国中央政府具有绝对的权威性，在委托代理的关系下，改革也能顺利推行。不过，可以推断，此时政治动力对分权改革的影响更大。这样一来，虽然地方政府的财政分权度没有得到满足，但从实际效果来看，却更有利于公共服务的供给，进而政府治理也会得到进一步提升。

至于目前我国现阶段正在进行中的新一轮财税体制改革，虽然模型没有揭示出全过程，但从动态趋势看，这也是中央与地方政府博弈使然，不仅不断推动着财政分权体制的改革，政府治理也随之做出调整与改进。

四、我国中央与地方财政关系改革源泉的可持续性及路径分析

由此看来，我国中央与地方财政关系改革在取得巨大成绩的同时，也面临着进一步深化的困难。从改革源泉的可持续性来看，现阶段我国财政分权改革的瓶颈在于经济动力与政治动力的协调问题。特别是在政治体制改革方面，我国仍处于民主政治改革的进程中，这就必然使得经济发展带来的分权改革动力不可能迅速转化为相应的改革

措施。甚至很多时候，经济动力所推进的改革方向与政治动力推进的改革方向存在一定程度的不一致性。当这些情况出现时，分权改革要么进入不稳定的阶段，要么停滞不前。但无论发生哪种情况，都会对经济社会的发展产生很大的影响。因此，要切实保证我国中央与地方财政关系改革具有可持续的动力，并为此设计出可行路径。

（一）优化中央与地方政府的考核机制

就我国中央与地方财政关系改革的方向而言，先要解决好的就是财政分权改革的动力可持续性问题，让经济动力与政治动力相匹配。具体而言就是要优化中央和地方政府的考核监督机制，将"自上而下"与"自下而上"的考核监督体制有机地结合起来，充分发挥基层的考核与监督作用。在中央领导核心层的执政目标与经济发展的内在要求高度一致的情况下，使各级政府的执政目标趋于一致。同时，理顺政治体制内的各级政府间博弈问题，从而使得政治动力与经济动力的推进方向一致。

（二）完善地方政府的激励升迁机制

要理顺地方政府的激励升迁机制，建立与新型考核机制相适应的官员激励机制，使经济动力推动的分权改革也能对官员发挥足够的激励作用。在这一过程中，反腐固然不可或缺，但新机制如何设计更值得关注。事实上，建立这一新的激励机制，需要仔细剖析现阶段分权改革背后的经济动力类型。

换言之，如果分权改革动力更多地源自对经济增长速度的需求，那么对官员的激励可以在升迁激励方面，即主要依据经济增长来考核和提拔官员上，保持较高的比例；对其在薪酬收入和福利的激励比重上可以相对降低些。而如果分权改革动力更多地源自经济发展后对社会公平的需求，那么与这一分权改革动力源泉相适应的官员激励机制就应该更多地体现在薪酬福利水平的激励方面。

此外，还要充分考虑地方政府探索自主财力创新模式的激励，但又要规范相应的融资手段，在制度设计中给予适度的自主财力空间，建立好地方政府财政收入的激励约束机制。只有这些问题真正得到解决，财政分权改革与充分考虑了民生需求的经济发展才能够相伴相生。同时，国家治理也能够得到进一步的优化与提升。

（三）明确有为政府与有效市场的结合

最后，还需要注意的是，要把中央与地方财政关系改革中经济与政治维度的动力源泉相协调问题与政府对市场的干预问题相区分开。这两类动力源泉是相互协调的，但并不等于增加或减少政府干预。从两类动力源泉相协调的角度出发，取消政府一些不必要的事权，将更多的资源交由市场分配。正如党的十九届五中全会公报中所述，"充分发挥市场在资源配置中的决定性作用，更好地发挥政府的作用，推动有效市场和有为政府更好结合"。在此基础上不断优化各级政府的事权和财权，这是今后我国中央与地方财政关系改革的重点，也是完善和实现国家治理现代化的必由之路。

国家治理视角下我国中央与地方
财政关系改革的历史演进

温故而知新，从国家治理视角研究我国中央与地方财政关系改革的历史演进，可以从中归纳出一般规律以及我国的特殊性，也对今后这方面的改革大有裨益。合理而科学的中央与地方财政关系，能够促进资源的优化配置，实现国家发展的战略目标。目前，中央与地方财政关系已是国家治理体系的重要组成部分。而从一些现代发达国家的历史进程来看，其治理体系的现代化也都是以财政制度的不断发展和完善为基础。一国的中央与地方财政关系必须符合本国的基本国情，并适应不同发展阶段的要求。同时，还需充分考虑历史文化的沿袭、要素禀赋分布的不同以及行政体制的特性和地区发展的差异性等因素。相应地，中央与地方财政关系的演进也会引起国家治理的动态调整，这里既指中央对地方政府的治理，也包括地方政府治理本身的变化，国家治理能力与财政能力息息相关。由此，也会关系到经济社会各方面的效率和公平。

我国中央与地方的关系最早可溯源到秦朝，以建立郡县制为标志，形成了中央和地方两个始终处于博弈状态的角色。之后历代王朝的变迁，从国家治理视角看，就是政权的交替变更，但背后却隐藏着深刻的财政关系，而这也正是中央和地方众多关系的核心所在。从某种意义上说，我国的历史实际上就是一部在不断构建中央和地方关系的历史，而财政关系则是其中最为关键的组成部分。

本章主要剖析我国中央与地方财政关系的历史变迁，特别是改革开放后的一些新变化。按照新制度经济学的观点，制度变迁应当是一种效率更高的制度对原有制度的替代，是从停滞阶段，经由创新阶段到达均衡阶段的一个周期循环过程。然而，我国财政制度的变迁，包括中央与地方财政关系在内，则更多的是一种"螺旋式"上升过程。从国家治理视角来解读，这背后其实与调动中央与地方政府两个积极性密不可分。分权理论表明，一方面，财政集权是为了中央政府能更好地集中财力，具有真正的权威性，从而可以有效地行使权力，集中力量办大事，这就对地方政府的治理及其绩效提出了挑战；另一方面，要调动地方政府的积极性，中央就必须让渡给地方一定的财权，相应地，地方政府会拥有更多的财力，从而也会影响到中央和地方政府的治理能力。

简言之，从中华人民共和国成立至今，中央与地方财政关系一直在"集"与"分"之间进行着动态的调整，并经历了几次重大变革。改革开放后，我国中央与地方财政关系变迁，大体上经历了从适度分权到加强集权的过程，尤其是党的十八大之后，我国进入了新时代，中央与地方财政关系也走向了良性循环，在不断优化中改革发展。从历史演进来看，我国中央与地方政府财政关系一直在相关权利的"收—放"之间交替进行，对当时及之后的经济社会发展产生了深远影响。

下面就分阶段具体论述从中华人民共和国成立至今，我国中央与地方财政关系的历史演进，及其与国家治理间的内生关系。同时，归纳总结出我国中央与地方财政关系的特征性事实，为后面的细化研究奠定基础。

一、改革开放前我国中央与地方财政关系的演进

（一）中央与地方财政关系改革的起步阶段（1949～1957年）

1949年中华人民共和国成立之后，由于当时仍处于战后恢复期，从国家治理视角看，行政区域上采取的还是在中央和省之间设立大区的措施，先后设立了东北、华北、西北、华东、中南、西南6个行政区，简称"大区"，作为省以上一级的区域建制，同时还设有中共中央地方局。这种与作战时相似的区域划分，虽然对恢复和发展经济起到一定作用，但却容易形成相对分散的财政局面。其实，早在解放战争时期，中国共产党就开始为统一财政做了一系列的准备，这也为之后形成财政统一的局面，以及理顺中央与地方财政关系构建了制度框架和政策基础。后来，中央也开始注意到这一问题，指出当时的中央与地方财政关系主要有两大严重的问题：一是收入没有按计划完成；二是收支脱节，包括公粮在内的一大半税收都在地方手里，而支出却在中央。这使得中央难以获得相匹配的财政权威，甚至造成入不敷出，这一窘境促使中央加快了统一财政的步伐。随后，政务院发布了一系列相关文件，如《关于统一国家财政经济工作的决定》《关于统一管理1950年度财政收支的决定》等①，要求节约支出，整顿收入，统一全国财政收支、物资调度和现金管理，各项财政收支除了地方附加外，全部纳入统一的国家预算等。

---

① 其实，中财部于1949年1月27日就出台了《关于财经工作统一方案的初步意见》，提出"必须尽快建立一个比较充实和健全的中央财经工作机构"等。从而，1950年出台相关统一财政的文件就"水到渠成"了。

由此，我国财政体制从战争时代的分散管理走向高度集中的统一管理，奠定了中央高度集权的财政体制雏形。具体体现在以下几个方面[①]：从财权上看，中央拥有财政管理权限，一切财政收支项目、收支程序、税收制度、供给标准、行政人员编制等，均由中央统一制定；从财力上看，财政收入除地方税收和其他零星收入抵充地方财政支出外，其他各项收入，包括公粮、关税、盐税等均属于中央财政收入，一律解缴中央金库；从支出责任上看，各级政府的财政支出也均由中央统一审核，逐级拨付。这种高度集中的财政体制，其核心就是强调财政的统一，通俗地说即"高度集中、统收统支"。可以说，这是中华人民共和国成立后第一次明确地划分中央与地方的经济管理权限，也由此正式开启了我国中央集权的计划经济模式，从根本上改变了中国经济运行的逻辑和发展方向，并影响至今。

需要强调的是，与其他计划经济不同，我国的中央与地方政府之间在计划管理权力的划分与财政收支管理制度的确定上，一直处于政策和理论的争论之中，这使得在实践领域，中央和地方之间的权力，包括财政关系也在反复调整中，这些演进从后来一系列的分权改革中可见一斑。

不过，这次中华人民共和国成立后迅速统一财政体制的行为，虽然在短期内改变了过去财政长期分散管理的局面，构建了计划经济制度基础，财政收支接近平衡，但却使中央权力过分集中，地方政府的积极性为此受到很大限制。鉴于此，中央又颁发了《关于1951年度财政收支系统划分的决定》，实行"划分收支、分级管理"的财政体制，将国家财政分为中央级、大行政区级和省（市）级三级财政，中央级财政称中央财政，大行政区以下的财政，均称地方财政。其

---

① 资料来源：张德勇，孙琳. 新中国财政体制70年［M］. 北京：中国财政经济出版社，2020.

中，国家财政支出包括中央财政支出和地方财政支出①，而国家财政收入则分为中央财政收入、地方财政收入以及中央和地方比例留解收入②。地方的财政收支每年由中央核定一次，支出先用地方财政收入抵补，不足部分由比例留解收入抵补。而地方上年结余，分别列入各级财政收入，编入本年预算抵支出。且为了调动地方增收的积极性，农业税超收部分的 50% 留给地方。

这次中央与地方财政关系改革由原本的收支两条线改为"收支挂钩"，从而地方有了自身的收支范围，有利于调动地方政府的积极性，也成为我国财政分级管理体制的开端。但实际上，由于当时正在进行抗美援朝和"三反""五反"等重大社会改革，财政资金仍高度集中在中央，地方政府的财权或财力其实非常小。而由于这期间发生了所谓的地方主义"方方事件"以及"高饶事件"等，对当时中央与地方关系产生了比较大的影响③。因此，加强集中统一领导，实行大规模的计划经济建设，实质上成为 1952 年后中央政府工作的中心，这也是国家治理的重点。客观上说，这种高度集中、统一管理的财政体制，就当时所面临的社会经济而言，有利于迅速集中财力，从而结束长期战争所造成的分散财政局面，对稳定物价、恢复经济以及支持抗美援朝等都起到了重要作用。

从 1953 年起，我国进入了第一个"五年计划"，开始大规模的经济建设，为激励地方，中央政府撤销了大行政区机构，进一步明确了要集中财政收支，划分中央、省（市）、县（市）三级收支范围，

---

① 属于中央财政支出的主要有：国防费、中央经管的国营企业投资、经济建设事业费、社会文教事业费以及中央级行政管理费、内外债还本付息、其他支出等。属于地方财政支出的主要有：地方各级经管的国营企业投资、经济建设事业费、社会文教事业费、地方各级行政管理费和其他支出等。

② 中央财政收入包括：农业税、关税、盐税、中央直接经管的国营企业收入等。地方财政收入包括：屠宰税、契税、房地产税、特种消费行为税、使用牌照税以及大行政区以下经管的国营企业收入等。中央和地方的比例留解收入包括：货物税、工商业税、印花税、交易税、存款利息所得税等。

③ 资料来源：辛向阳.百年博弈：中国中央与地方关系 100 年［M］.济南：山东人民出版社，2000.

实行统一领导、分级管理的财政体制，并规定地方超计划的征收和节约都归地方支配。1954年又做了进一步的规定，在财政支出上按照隶属关系划分为中央和地方预算；财政收入则实行分类分成的方法，分别为固定收入、固定比例分成收入和调剂收入三类。每类收入分成在中央和地方上都有明确的规定。而地方预算每年由中央政府核定，分成比例一年一定。不过，由于大区的调整和撤销，使得大部分作为财力来源的国企都收归了中央，基建、物资、劳动、工资、物价等各个生产要素也由中央管理，这种"统一领导、划分收支、分级管理"的财政体制，本质上还是中央集中财权财力，形成高度集中的统收统支模式。

换言之，我国计划经济体制的建立其实就是先从财政领域开始的。鉴于当时优先发展重工业的战略决策，财政在支持一些重点项目上提供了大量资金，为我国工业化奠定了扎实的基础。同时，当时的社会主义改造也基本完成，全部经济社会生活都纳入了国家统筹的计划经济体制，各级财政收支也基本保持了平衡。不过，这种模式虽然可以在短期内取得一定效率，保证国家集中主要财力进行重点建设，但始终难以真正调动起地方的积极性。根据国家统计局官网数据，这期间中央财政收入占全部财政收入的80%，即便是中央财政收入占比最低的1957年，也高达73.3%；而中央支出占总支出的75%，同期地方政府财政收支所占比例之小，与其承担的责任相比并不匹配。可见，这一时期，全国财政收支权完全集中于中央政府，地方财政只能说是中央财政的一个简单延伸。

当时中央财政上的集中度之高，也引发了中央与地方财政关系上的矛盾，并由此导致了一些国家治理上的症结，有些问题甚至困扰至今。针对中央计划经济的集权模式，当时也引起了一些学者的关注。比如，经济学家孙冶方提出，把计划和统计放在价值规律基础上；顾准则认为，社会主义经济可以设想让价值规律自发调节企业的生产经营活动，即通过价格的自发涨落调节生产。① 后来，这一情况也引起当时最高领导人的关注。

1956 年毛泽东发表了著名的《论十大关系》，其中讲到的第五个关系就是中央和地方的关系，第一次从政治体制层面讨论了中央和地方分权问题，并从经济建设角度考察分权的重要性和必要性。"从一开始就承认，中央和地方的关系也是个矛盾，解决这个矛盾，目前要注意的是，应当在巩固中央统一领导的前提下，扩大一点地方的权力，给地方更多的独立性，让地方办更多的事情。这对我们建设强大的社会主义国家比较有利。我们的国家这样大，人口这样多，情况这样复杂，有中央和地方两个积极性，比只有一个积极性好得多。我们不能像苏联那样，把什么都集中到中央，把地方卡得死死的，一点机动权也没有"②。这一论述明确了中央和地方的关系是十分重要的问题，必须调动起中央和地方两个积极性。毋庸置疑，中央的统一领导是先决条件，但也要给予地方适当放权，中央的集中统一应建立在地方具有自决权的基础之上。可以说，这是在中央和地方关系的理论上具有突破性的阐述，至今仍有重要的理论和现实意义，成为计划经济下中央和地方行政性分权的开端。

（二）第一次中央与地方财政关系改革（1958～1970 年）

随着我国"一五"计划的完成，经济建设有了一定发展，地方政府对中央的经济要求也相对较多地集中在掌握更多的财权上，加上之前中央对地方的分权探讨，这些均促使我国对财政体制，也即中央与地方财政关系进行进一步的改革，并间接导致了 1958 年中央对地方权力的大下放。当时经济体制改革的重点就是向各级地方政府放权

---

① 资料来源：张卓元. 中国理论经济学 60 年的重大进展 [J]. 社会科学管理与评论，2009（3）.

② 资料来源：中央文献研究室编. 毛泽东文集（第七卷）. 人民出版社，1999.

让利，除了财权，还包括了其他经济权限，如企业管理权，把中央各部所属单位下放给地方管理；还有计划管理权，把原来由中央向地方逐级下达的计划管理制度改为以专业部门与地区相结合的计划管理制度；以及基本建设项目审批权和劳动管理权等。

而在财权上的下放措施更为突出，不仅允许省、自治区、直辖市自行开征地区性税收，而且实行"以收定支、三年不变（后来是五年不变）"的财政管理体制，明确划分地方财政的收支范围，进一步扩大地方财政的管理权限，增强地方政府财力。在财政收入的安排上采取分类分成的办法：将固定收入、企业分成收入和调剂分成收入三种收入归于地方财政；在财政支出上，地方财政分为正常支出和中央专案拨款支出，以及其他一些收支划分的规定。这次中央对地方权力的下放导致中央财政收支占比急剧下降。在财政收入上，地方不仅参与中央企业的分成，还将除地方税以外的税收作为调剂收入。国家统计局官网数据显示，中央财政收入占比从1958年的80.4%降至1959年的24%，下降了56%；而在财政支出上，地方则不再包括基本建设支出，改为中央拨款，中央财政支出占比从1957年的71%下降到1958年的44.3%，下降了26.7%（见图3-1）。而省财政开支则增加了近150%，占总政府开支的一半以上。仅仅一年时间，地方财权就得到显著提升，而且使地方财政收入同支出密切结合，便于地方因地制宜地发展经济。由此可见，这是中华人民共和国成立后，中央与地方财政关系第一次进行这么大力度的分权，可以说已经拥有30多年之后所进行的分税制改革的萌芽思想。

可惜的是，这一良好的中央与地方财政体制仅执行了一年就走向了极端。原因在于，这次权力下放过快过多，虽然刺激了地方加快经济建设的速度，但也带来了诸多负面效应，特别是造成了生产的盲目性，各地方不顾全国的协调发展，纷纷建立起相对独立的工业体系，助长了重复建设，造成地区分割严重，浮夸风盛行，最终形成国民经济的巨大浪费。据统计，1958年和1959年两年国民收入损失约1200

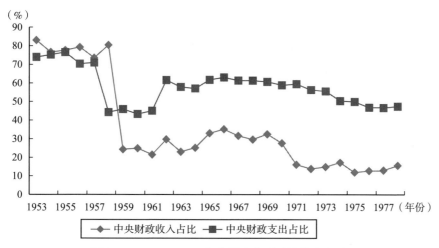

（%）

图 3 - 1　1953～1978 年我国中央财政的收支占比

资料来源：Wind 数据库。

亿元，且从 1958 年开始，连续 4 年出现财政赤字。^① 其中，还遭遇了三年困难时期，即 1959～1961 年。^② 于是，从 1961 年开始，中央再次强调了财政的统一集中管理，开始重新大收权，要求全国财政预算"一本账"，坚持"全国一盘棋"，并且实行"收支下放、计划包干、地区调剂、总额分成、一年一变"的财政体制，适当收缩了一部分的地方机动财力。到 1962 年，强化了加强中央财政集权领导的思想，提出要把下放过多的财政权力重新上收。后来，在财政体制上又做了一些微调，包括 1965 年在财政收入上恢复了"总额分成"加"小固定"的办法，以及支出上地方的各项支出参与收入分成等。至此，中央财政重回高度集权，虽不比中华人民共和国成立之初，但也相当之高。

可见，从 1963～1965 年，无论是财政收入还是支出，中央财政

---

① 资料来源：焦建华. 超大规模国家治理：建党百年央地财政关系的探索与实践 [J]. 财政监督，2021 (13).
② 资料来源：中共中央党史研究室. 中国共产党历史（第二卷）[M]. 北京：中共党史出版社，2011.

所占份额都比"二五"时期有了较大幅度的增加。之后虽然爆发了"文化大革命",但财政上直到 1969 年都没有脱离"总额分成、一年一变"的基本体制。从这里已经能够有所察觉,在我国包括财权在内的权力收放似乎是在循环中进行,即在"放权—收权"之中往返重复,而且每次都是放权容易收权难,地方总会想方设法截留一部分权力。而在中央与地方的财政关系未能制度化的前提下,这些权力的收放所造成的影响会一直延续下去。

(三) 第二次中央与地方财政关系改革 (1970 ~ 1978 年)

自 1970 年开始,我国又掀起了第二次放权高潮,虽然这主要出于军备上或者说战略上的考虑[1],但实质上却是对中央与地方权力的重新配置,这也是中华人民共和国成立后第二次中央与地方财政关系的重要改革。先是在 1970 年,中央决定把大多数企业下放到地方,重演了 1958 年的"体制下放",甚至规模还要大,将包括鞍钢、大庆油田等在内的 2400 家直属企业、事业和建设单位下放给省、自治区和直辖市,扩大地方政府的各项权利,包括物权、投资权和计划管理权等。尤其是在财政体制上也做了相应的大改革。1971 年财政部颁布了《关于实行财政收支包干的通知》,开始实行"定收定支、收支包干、保证上缴(或差额补贴)、结余留用、一年一定"的体制,简称"财政收支大包干"办法。这一制度扩大了地方政府的财政收支范围,同时按绝对数包干,超收部分全部留归地方,调动了地方增收节支的积极性,地方的机动财力可随着超收节支而大量增加,体现了财权下放的精神。

然而,在实际操作中却没有取得理论上的成效。主要原因有两

---

① 资料来源:辛向阳. 百年博弈:中国中央与地方关系 100 年 [M]. 济南:山东人民出版社,2000.

点：一是，时机不恰当，由于年初确定财政收支包干指标时，难以做到完全符合实际，执行下来的结果是，有的地区超收很多，有的地区却还短收，造成地区间财力苦乐不均；二是，各地苦乐不均，根据规定超收部分留归地方，而短收的地区又由中央补贴，增加了中央财政的平衡压力。加上当时又受到"文化大革命"的影响，国民经济严重受挫，很多地区的生产下降，财政收入可能连基本任务都完不成。在地方机动财政没有保证的情况下，财政包干办法很难继续执行。

因此，1972年中央改进了超收部分全部归地方的做法，规定若超收超过1亿元，由中央和地方平分，部分缓解了全国财政的收支平衡压力。1973年又改为"收入按固定比例留成、超收另定分成比例、支出按指标包干"的办法，但由于收支不挂钩，这种做法又不利于地方积极性的发挥，这样一直持续到1975年。国家统计局网站数据显示，1975年中央财政收入占财政总收入的比重低至历史最低点11.8%；同时，中央财政支出却占到财政总支出的49.9%，中央财政不堪重负。

可见，在这种特殊情况下，虽然五年来财政权力连续不断的系统性下放，使得地方拥有了相当大的自主权，但却没有取得预期效果，反倒是压制了中央与地方两方面的积极性。并且，从中也发现，这种权力下放本质上是行政性分权，即舒尔曼（Schurmann）提出的"分权模式Ⅱ"——将权力下放给某些下级或地方行政机构，并非市场意义上的"分权模式Ⅰ"——将决策权转给生产经营单位自己掌握。且在后来经历的几次分权改革中，也一直遵循这一模式，直到1994年分税制改革实施后，才开始真正触及市场性的财政分权。这样一来就造成了地方政府的权力日益扩张，但企业自主权却在减少。各地虽建立起比较独立的经济管理体系，但依然面临管理混乱、盲目建设等问题，对之后各地区的经济结构造成很大的不良影响，并使整体经济分割成许多相互隔绝的单位，其影响蔓延至今。

在第二次分权并没有取得预期效果的情况下，也为了解决固定比例留成体制存在的问题，1976 年中央再次实行"定收定支、收支挂钩、总额分成、一年一变"的财政管理体制，除了各省、自治区、直辖市核定一定数额的机动财力按 70% 分成，其他地区的超收部分仍按总额分成比例计算分成，从而扩大了地方财政收支范围及管理权限，由过去超收部分"五五分成"改为"三七分成"，将地方政府的权责结合起来。不过，由于当时社会环境并不理想，处于粉碎"四人帮"后的经济混乱中，各地财政收入也不稳定，中央从 1977 年起又对央地关系进行了部分调整，集中了一些经济管理权限，对铁路、民航、邮电以及其他国民经济重要部门加强集中统一领导，将大批骨干企业收归中央，实行统一管理，直到改革开放前。

综上所述，从国家治理的视角来看，改革开放前我国中央与地方财政关系一直围绕着政治和经济建设展开，实行的是高度集中的计划经济，尽管期间出现了几次的分权浪潮，且很多资源配置也已经分权化，但对财政而言，实现的依然是高度集权化，既造成中央和地方政府的资源配置效率低下，也缺乏对地方政府的有效监督和激励。而在这种"统一领导、分级管理"下，能出现几次大的分权模式改革也实属罕见。

并且，在经历了几次大规模收权和集权的转变后，地方政府的权力实质上是有增无减。而这一点又和中国社会的结构性特征分不开：在 M 型结构下的我国地方各级政府习惯上被称为"块块"；而 U 型管理体制下配置资源是垂直化，分工基本上都是按工业部门进行，中央各部委被称为"条条"①。纵观中华人民共和国成立后到 1978 年改革开放前，我国财政体制逐渐从原来的"条块结合，以条条为主"改变成"条块结合，以块块为主"，两种不同的经济模式造成之后的经济发展及改革方式的不同，也意味着我国走上了一条与苏联式高度

---

① 钱颖一、罗兰和马斯金（1988，1999）认为，中国经济结构是 M 型，资源水平配置，地区间竞争会造成利益冲突；而俄罗斯经济结构则呈 U 型，资源垂直管理，分工基本上按照工业部门进行，地区间利益冲突小。

中央集权不同的财政分权道路。由此，在这一阶段中的两次中央与地方财政关系改革所产生的路径依赖效应，也在此后多次的调整中不断显现，甚至对目前所进行的现代财税体系建设也都产生了深远影响。

二、改革开放后我国中央与地方
财政关系的演进

由此可见，就改革开放前这段时间而言，我国中央与地方财政关系，与西方财政分权理论中所讨论的政府间财政关系并不是一个完全相同的命题，最根本的区别在于既定前提不同。从国家治理视角看，中央与地方财政关系不仅内生于经济体制，还内生于经济发展的阶段。这从改革开放后我国中央与地方财政关系的历史演进也可以看出。正是过去 40 年来，我国社会经济的发展及相关财政实践的进步，以及与国家治理之间产生的互动关系，逐渐形成了现有的中央与地方财政关系。大致看来，改革开放后，我国中央与地方财政关系在不断渐进优化，也经历了两次具有较大转折意义的变革，一次是具有历史里程碑意义的 1994 年分税制改革，而另一次就是党的十八大后，我国进入新时代，目前也还正经历中的新一轮中央与地方财政关系改革。下面，就对这一部分内容做详细的梳理分析，并阐述其中蕴含的经济规律。

（一）改革开放初期的"放权"改革（1979 ～ 1994 年）

1. "划分收支、分级包干"的中央与地方财政关系（1980 ～ 1984 年）

1978 年党的十一届三中全会召开，这标志着我国经济社会发展进入了一个新阶段，不仅确立了马克思主义实事求是的思想路线，还将经济建设作为这一时期党和国家的重要任务，中央与地方的财政关系也开始重新定位。可以说，从这之后中国经济的历次重大改革都离不开中央与地方财政关系改革的体制背景，而中央与地方政府的利益划分则被誉为是整个经济和政治体制改革的关键突破口。如前所述，这之前我国所实施的若干次财政分权改革，都是以行政性分权为主，而随着我国向社会主义市场经济的转型，财政体制上也逐渐向适应市场经济需求的经济性分权迈进。换言之，中央与地方财政分权既是改革的起点，又是改革的核心内容。从当时的背景看，中央面临着沉重的财政压力，国家统计局官网数据显示，1978 年的中央财政收入仅175.77 亿元，占全部财政收入的 15.5%，却要负担军队和行政的庞大支出，显得捉襟见肘。从中央层面来考虑，势必要减轻其财政压力，扩大地方财政支出的比例，而要做到这一点，就需要调整中央和地方的财政权力。由于之前已经有了"包干制"的经验①。因此，中央直接选择了以权力下放为特征的财政包干作为改革的号角。而这时的中央与地方财政关系，也已经不仅仅停留在框架设计和构造上，更多的是对利益的划分和具体的制度设计上，包括部分财税权、立法权和投资决策权等在内的大量中央权力下放给地方政府。

具体来看，1980 年国务院颁布了《关于实行"划分收支、分级包干"财政管理体制的暂行规定》，决定实行"分灶吃饭"的办法。按照经济管理体制规定的隶属关系，明确划分中央和地方财政的收支范围：在财政收入方面，实行收入分类分成，包括中央和地方固定收入、固定比例分成收入和调剂收入；在财政支出方面，则按企事业的隶属关系划分。而地方财政收支的包干基数，以 1979 年财政收支预

---

① 其实早在 1976 年，中央就在江苏、四川等省份进行了经济体制改革的试验，在前者实行"固定比例包干"制，允许江苏建立自己独立的收支预算体系，按收支总数计算，确定比例，进行包干，几年不变。到包干期满的 1980 年，江苏的工业生产和财政收入比包干前的 1976 年增加 80.2% 和 38.1%，效果显著。

计执行数为基础，经过适当调整后计算确定，地方财政在划分的收支范围内多收多支、少收少支、自求平衡。虽然，全国各地区大包干的制度不尽相同，如：江苏继续实行固定比例包干体制；广东、福建两省实行特殊体制"划分收支、定额上缴或定额补助"；京、津、沪三大市仍然实行"总额分成、一年一定"体制；对民族区域自治继续给予体制上的照顾等，但基本框架都大体相同。

这次中央与地方财政关系改革，与1978年之前财政分权相比，有了显著的不同，其改革的主基调是"放权让利"，这里的"权"指的是财政管理权；而"利"则是财政在国民经济体系中所占的比例。由此可见，这次分权改革实际上是以"行政性分权"为主，但结合了经济性分权，真正将主动权给予了地方政府，特别是将权力的下放制度化，有点类似于中央与地方政府签订了"不完全合同"，且分别对合同具有"剩余控制权"。从而，充分调动了地方政府的责任心和积极性，使地方可以根据实际情况合理安排各种收支，提高了财政效率，体现了权责利相统一的原则，有利于打破原有计划经济体制的集中与僵硬。且这次财政改革是伴随着包括国有企业控制权在内的很多其他权力的下放。可见，这次中央与地方财政关系改革，成为我国财政走向规范化、制度化的起点，也为一系列旨在向市场经济转型的措施奠定了良好基础，对资源的优化配置起到了积极的促进作用。毋庸置疑，对推动国家治理也具有一定效果。

2. "划分税种、核定收支、分级包干"的中央与地方财政关系（1985~1988年）

财政包干制度在实行了几年之后取得了一定的成效，中央政府也决定继续执行下去，并于1985年起实行"划分税种、核定收支、分级包干"财政管理体制。并且，由于"利改税"的成效显著，在财政收入上将中央与地方由利税并重转向以税为主。同时，以税种重新划分中央与地方收入来源，包括中央、地方以及中央地方共享固定收入三类。在财政支出划分上则仍按行政隶属关系划分。其中，中央财政支出包括中央经济建设支出、国防、外交及中央级科教文卫事业费、行政管理费等；而地方财政支出则包括地方经济建设支出、地方科教文卫事业费以及行政管理费等。

比较分析这些规定，不难发现，比起之前的"分灶吃饭"，这一阶段的分级包干体制保留了其基本优点，即有效调动了地方政府的积极性，而新的财政分权也正在其中酝酿。到了1988年，受到多种因素叠加影响，财政运行中出现了一些新问题，中央财政收入占全国财政收入的比重持续下降，赤字也不断增加，有些经济发展较快的地区认为上缴比例过高，不利于调动地方积极性；而有些地方则出现财政收入下降的现象，收支矛盾较为突出。因此，"一刀切"的包干制在1988年出现了分化，中央开始因地制宜，对全国37个地区分别实行不同形式的包干办法，具体有6种之多，如表3-1所示。

表3-1　　　　　　　　　1985~1988年我国的财政包干法

项目	基数	包干办法	实行地区
收入递增包干	1987年决算收入和地方应得的支出	每年地方在收入递增率以内的收入按确定的留成、上解比例实行中央和地方分成；超过递增率的收入，全部留给地方；收入达不到递增率影响上解中央部分，由地方用自有财力补足	北京、河北、哈尔滨、江苏、浙江、宁波、河南、重庆、辽宁（不包括沈阳和大连）
总额分成	1986年、1987年两年的地方收支情况	以地方预算总支出占预算总收入的比重，确定地方留成	天津、山西、安徽
总额分成加增长分成	上一年的实际收入	基数部分按总额分成比例留成；增长部分另外定分成比例	大连、青岛、武汉
上解递增包干	1987年上解中央的收入	按一定比例递增上解	广东、湖南
定额上解	原来核定的收支基数	收大于支的部分，确定固定的上解数额	上海、山东、黑龙江

续表

项目	基数	包干办法	实行地区
定额补助	原来核定的收支基数	支大于收的部分，确定固定的数额补助	吉林、江西、甘肃、陕西、福建、内蒙古、广西、西藏、宁夏、新疆、贵州、云南、青海、海南

资料来源：李萍. 中国政府间财政关系图解［M］. 北京：中国财政经济出版社，2006.

3. "包干制"下的中央与地方财政关系（1989～1993 年）

由于新体制的构建需要一个过程，包干制下存在各种频繁的变动，原定 1990 年到期的这一体制，除了一些试点外，直到 1993 年全国大部分地区还在实施。当时，主要的包干模式有总额分成、增收分成和超收分成三种，根据各个地区的不同情况，又可以具体细化为总额分成、分级包干、财政包干、比例包干、民族区域自治、定额上缴、定额补助等。中央还根据各省的不同情况，采取一省一议的方式来确定具体的财政包干模式，这也使得中央与地方都陷入了无休止的讨价还价中。

可见，这一时期的财政包干制改革，给了地方更大的自主权。正如人们习惯用"承包"来描述这一时期在农村或企业里的关系一样，"包干"其实就是对当时中央与地方财政关系较为简洁而准确的概述。这相当于中央和地方政府缔结的一种固定合约。且在初期实施时，取得了有目共睹的效果，被认为是促进地方经济增长的主要因素之一。因为这种包干制使得地方政府能从财政收入增量中得到更多好处，因此其激励作用十分明显，地方政府为了获得更多财政收入而积极投入当地的经济发展之中。不过，这种体制也有其不足之处，特别是权力的下放不平衡，造成各个地区发展的差距在迅速拉大。同时，这种"合约"是以信息不对称为基础的委托代理关系，这就不可避免地存在代理人，即地方政府道德风险行为的发生。各种自主权的下放使得地方政府权力膨胀，负面影响也逐渐显现，地方保护主义开始盛行，表现为：地方政府为了创收，不顾全局规划和风险，搞重复建设，盲目发展本地经济；而中央财政则得不到保证，地方预算外资金[①]却急剧增加。1979～1993年我国中央财政的收支占比和1979～1993年我国中央及地方财政收入占GDP的比重如图3-2和图3-3所示。

　　从1984年第一次财政分权改革后，中央财政支出占GDP的比重就开始逐年下降。1978年，这一占比为31.2%，到1993年已经下降到18.0%，几乎是每年一个百分点。而从中央财政支出占全部支出的比重来看，也从改革之前的70%左右下降到1993年的28.3%，远低于世界其他发展中国家平均水平。再从中央财政收入占整个财政收入比重来看，这一比例则从1978年的45.8%下降到1993年的22%。显而易见，中央财政出现了收入和支出双重下降的局面。

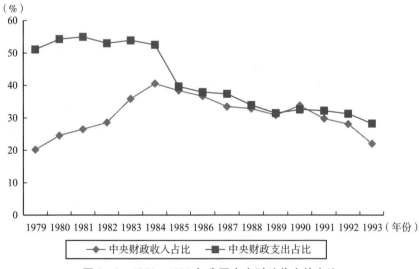

图3-2　1979～1993年我国中央财政收支的占比

资料来源：Wind 数据库。

----

　　① 所谓的地方预算外收入一般包括地方财政部门管理的预算外资金、行政事业单位管理的预算外资金、国有企业的预算外资金以及由地方政府管理的社会保障基金等。为了贯彻落实全国人大和国务院有关规定，财政部决定从2011年1月1日起，将按预算外资金管理的收入全部纳入预算管理。

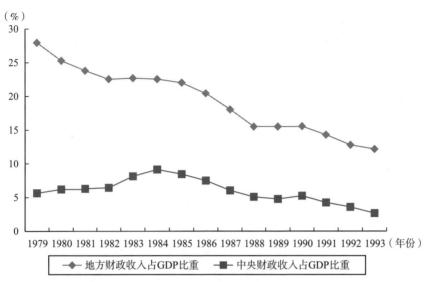

图 3 – 3 1979～1993 年我国中央与地方财政收入占 GDP 的比重

资料来源：Wind 数据库。

　　而与此同时，这一时期的地方财政收入虽在整个财政收入中的比重逐年上升，但也不及 GDP 的增长速度，加之地方政府的支出逐年递增，所以，中央和地方都奇怪地陷入了财政困境。根据国家统计局官网数据，从 1979～1992 年，我国财政收入占 GDP 的比重从 28% 降至 13%，大大低于工业化国家平均水平。甚至从 1981～1989 年，中央连续 9 年向地方政府借款；国务院也先后两次要求各地为中央财政做贡献。若是从这一财政状况出发，我国俨然成为世界上财政分权程度最高的国家之一了。然而，中央财力的不足不仅造成赤字居高不下，也对中央政府宏观调控能力提出挑战，并且影响到国家的长远发展。包干制的负面影响逐渐凸显，而这又和之前论述过的财政分权性质相关。因为当时的分权还是以行政性分权为主，对微观个体，比如企业等市场主体的激励不足，而地方政府的权力又过大，严重影响到全社会的资源配置，甚至形成了"上有政策、下有对策"的局面，显然不利于全国经济的稳定发展。

此外，预算外和体制外资金也随着地方政府事实上支出的增加而快速递增。国家统计局官网数据显示，1992 年全国预算外资金规模达到 3854.92 亿元，而当年全国预算内财政收入为 3483.37 亿元，预算外资金竟然超过了财政部的收入权限。预算外资金带来的最大问题就是，使地方政府拥有了很大的实际自主权，在体制中产生了重大的"激励不相容"问题，且破坏了公共预算的完整性和广泛性，也损害了公共支出效率，不利于全国经济的协调发展和国家治理的现代化。所以再次改革财政体制势在必行，分税制就是在这一情况下呼之而出的。

至此，以"放权"为特征的我国中央与地方财政关系改革告一段落。与计划经济时期相比，这次财政放权在透明度上有所提高，地方政府也获得了不小的"自由裁量权"，因此极大地调动起地方政府的积极性，无论是增加财政收入，还是发展地方经济，地方政府都热情高涨。特别是这一时期地方经济的高速发展，与放权下的央地财政关系密切，成为一个重要的因素。

不过，由于财政方面的放权力度过大，也出现了不少问题，包括地方政府之间的无序恶意竞争，带来重复建设等。从国家治理视角来看，这一时期由于片面追求经济增长，资源环境遭到严重破坏，财政管理的多样化也容易带来行为的不规范等。特别是中央财力正在被逐渐分散，"两个比重"下滑严重，这些都预示着我国中央与地方财政关系将迎来新的调整。

（二）1994 年我国的分税制改革及其影响

其实早在 1985 年，我国就有人提出划分中央税、地方税和共享税的构想，但方案并不具体，到 1987 年通过了实施分税制的相关决议①，但由于当时计划经济的背景及涉及利益格局调整等一些因素，

---

① 这在党的十三大通过的《沿着有中国特色的社会主义道路前进》的报告中有言简意赅的表述。

使得分税制改革仍是悬而未决。直到党的十四大明确了建立社会主义市场经济体制的目标，加之 1992 年起在部分地区进行了改革试点，终于在 1993 年党的十四届三中全会上通过《中共中央关于建立社会主义市场经济体制若干问题的决定》，并于 1994 年 1 月 1 日起正式实施分税制。

根据 2020 年最新修订的《中华人民共和国预算法实施条例》（以下简称《预算法实施条例》）第七条，分税制的全称是"中央和地方分税制"，是指在划分中央与地方事权的基础上，确定中央与地方财政支出范围，并按照税种划分中央与地方预算收入的财政管理体制。顾名思义，分税制的核心在于"分"和"税"两个字，分的是事权，税则是按照税种划分收入，实质上是根据中央和地方的事权确定其相应的支出责任，并通过税种的划分形成中央和地方的收入体系，形成相应的财权和财力等。具体来看，1994 年的分税制改革有以下三个特征。

第一，从支出责任，即财政支出上看，它是根据权力范围的属性，确定中央与地方的财政支出范围：属于全国范围的支出由中央财政负担；而属于地方事务范围的支出则由地方财政负担。1994 年分税制改革中央和地方支出安排如表 3 - 2 所示。

第二，从财权上看，按照税种划分中央与地方的收入范围，将税种统一划分为中央税、地方税和中央地方共享税。将属于国家层面，即体现国家权益以及对宏观调控作用明显的税种作为中央收入；将其他与地方经济和社会事业发展关系密切的、属于适宜地方征管的税种归于地方收入；而将同与经济发展直接相关的税种划为共享收入。此外，还分设了中央和地方两套税务机构。1994 年之前，我国只有一套税收征收机构，中央税收依靠地方税务机构代为征收。这次分税制改革后，将税务机构分成国税局和地税局，前者和海关系统负责征收中央税和共享税，后者则负责征收地方税。1994 年分税制改革中央和地方收入安排如表 3 - 3 所示。

表 3 - 2　　　　　1994 年分税制改革中央和地方支出安排

中央财政支出	国防费，武警费，外交和援外支出，中央性质管理费，中央统管的基本建设投资，中央直属企业的技术改造和新产品试制费，地质勘探费，由中央财政安排的支农支出，由中央负担的国内外债务的还本付息支出，中央本级负担的公检法支出和文化、教育、卫生、科学等各项事业费支出
地方财政支出	地方行政管理费，公检法经费，民兵事业费，地方统筹安排的基本建设投资，地方企业的改造和新产品试制经费，支农支出，城市维护和建设经费，地方文化、教育、卫生等各项事业费，价格补贴以及其他支出

资料来源：《国务院关于实行分税制财政管理体制的决定》，1994 年 12 月 25 日。

表 3 - 3　　　　　1994 年分税制改革中央和地方收入安排

中央固定收入	关税，海关代征消费税和增值税，消费税，中央企业所得税，地方银行和外资银行及非银行金融企业所得税，铁道部门、各银行总行、各保险总公司等集中交纳的收入（包括营业税、所得税、利润和城市维护建设税），中央企业上交的利润，外贸企业出口退税等
地方固定收入	营业税（不含铁道部门、各银行总行、各保险总公司集中缴纳的营业税），地方企业所得税（不含上述地方银行和外资银行及非银行金融企业所得税），地方企业上缴利润，个人所得税，城镇土地使用税，固定资产投资方向调节税，城市维护建设税（不含铁道部门、各银行总行、各保险总公司集中缴纳的部分），房产税，车船使用税，印花税，屠宰税，农牧业税，对农业特产收入征收的农业税，耕地占用税，契税，遗产和赠予税，土地增值税，国有土地有偿使用收入等
中央与地方共享收入	增值税（中央75%，地方25%）、资源税（按不同的资源品种划分）、证券交易税（各占50%）

资料来源：《国务院关于实行分税制财政管理体制的决定》，1994 年 12 月 25 日。

　　第三，建立了中央对地方的税收返还和转移支付制度。以 1993 年为基期年，中央承诺返还每省相当于因实施分税制而减少的地方税基数量。当然，这一时期的税收返还还不是真正规范意义上的转移支付制度，仅仅是过渡性措施。尽管财政转移制度在分税制改革前就存在，但规模偏小且并不重要。而事实上，对中央与地方财政关系而言，转移支付是非常关键的一环，它对于调节地区间经济发展差距和基本公共服务均等化均起到十分重要的作用。而这次的分税制改革明确了转移支付制度，其主要包括财力性转移支付和专项转移支付，前者旨在促进各地基本公共服务均等化，后者旨在实现中央特定的政策目标。此外，分税制改革后还开始了清理地方预算外资金之路，逐渐取消或规范了大量政府行政性收费项目。并从 2011 年 1 月起，将所有按预算外资金管理的收入（不含教育收费）全部纳入了预算管理。

总而言之，这次分税制改革开启了中央与地方财政关系的新格局，是迄今为止我国中央与地方财政关系最具深远影响的一次制度变革，其调整力度之大，为今后建立现代财税体制奠定了坚实的基础。分税制的优势在于：它克服了之前包干制的弊端，从以合同为基础的收入分享，转变为以税收划分为基础的收入体制，这是市场经济国家依据市场经济原则和公共财政理论确立的一种普遍实行的财政制度。由此，不仅有利于明确中央与地方的财政边界，而且有效地将政府关系内嵌于政府与市场的边界中，对财政运行和宏观调控产生良好效应。同时，分税制也调动起中央和地方两个积极性，因为分税制的初衷就是形成分级财政，坚持统一与分级管理相结合的原则，让每一级财政都尽可能负起应有的责任来，中央又能集中足够的财力，从而合理调节地区间的财力差异。

随后几年的实践，也充分证明了这次分税制改革的显著作用，如图 3-4 所示，我国中央财政收入占比在分税制改革后逐年提高，无论是占 GDP 的比重，还是占全部财政收入的比重都在稳步提升。中央财政收入在政府预算收入中的比例从 1993 的 22%，上涨到 1994 年的 55.7%，上涨幅度超过一倍。到 1996 年，财政收入彻底扭转了 17 年来持续下降的趋势，"两个比重"显著提高。此后，中央财政收入的占比由分税制改革前的 20% 左右稳步提高到 45% 左右，增幅一倍有余，并保持至今。这极大地改变了中央财政之前依靠地方上解的被动局面，从"分灶吃饭"体制下的"块块管理"为主，转变为"条条管理"为主。

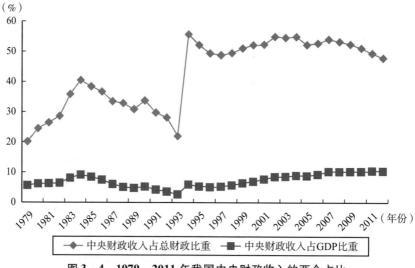

图 3 – 4　1979 ~ 2011 年我国中央财政收入的两个占比

资料来源：Wind 数据库。

　　并且，随着中央财力的增加，国家宏观经济治理能力也得到增强，财政政策由此成为最重要的宏观调控工具之一，有力地支持了社会主义市场经济体制的建设，为充分发挥我国集中力量办大事的社会主义制度优势提供了有力保障，国家治理能力随之增强。

　　分税制改革之前，我国中央财力非常弱①，影响到了财政再分配的公平性，中央没有力量去帮助财力较弱的地方或支持需要财政进入的领域。同时，因经济发达地区或生产效率较高行业负担可能更轻，中央财力弱也不利于税费负担在区域或行业间的均衡。而分税制实施后中央财政明显强化了对各地区财力的再分配，在一定程度上缓解了地区财力差异扩大的趋势，其转移支付主要集中投向经济发展相对落后的中西部地区。1994 年之后，中央向地方的转移支付取代了地方上解支出，成为我国政府间财力运行的新状态。至此，我国中央与地

---

　　① 当时财政统计中有一个叫"上解支出"的项目，意思是下级政府向上级政府上交收入，这反映出中央财政有困难。一些研究也指出，层级越高的政府离收入越远，自然获得的财力也越少。

方财政关系改革正式迈入了市场化的财政分权阶段，既在政治上保持了中央政府的权威性，又在经济上实行了财政分权，逐渐形成了"具有中国特色的财政分权"制度。

不过，客观分析，这次分税制改革在集中中央财政收入的同时，却造成地方财政收入的占比急剧下降，与一直以来变化不大的支出比例极不相称，如图 3 - 5 "1979 ～ 2011 年地方财政收支占比"所示，地方财政的收支缺口越发增大。为弥补这些缺口，地方政府也是极尽所能，尤其是在当时预算外收支还没有得到规范的情况下，积极开拓收入来源，慢慢形成了之后所谓的"土地财政"，造成节节攀升的地方政府债务等问题。虽然这些非正规做法，一方面也正是这些年来我国经济保持持续高速增长的动力之一，但另一方面，也说明了分税制改革的不彻底不完善。到 2010 年，中央财政本级支出占财政总支出的比重在 20% 左右，地方财政本级支出占到了 80%，而地方本级财政收入仅仅在 50% 左右，由此推断，其财政支出的 30% 是靠中央到地方的转移支付后形成的。

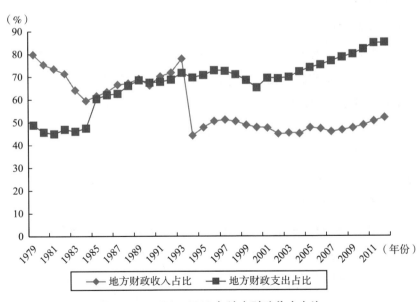

图 3 - 5　1979 ～ 2012 年地方财政收支占比

资料来源：Wind 数据库。

之后，在 1994 年分税制改革的基础上，根据实际情况中央又陆续对中央与地方财政关系进行了一些完善和调整，尤其集中在对财政收入比例的调整上具体表现为：一是在 1997 年和 2000 年两次对证券交易印花税的中央与地方分享比例进行了调整，中央财政的分享比例从 50% 提高到 80% 和 97%。二是对所得税收入分享进行了重大改革，从 2002 年开始，将原来按照企业隶属关系划分中央和地方所得税收入办法改为中央与地方按比例分享，初期在保障各个地方的中央与地方 2001 年地方实际所得税收入基数的基础上，中央实施增量分成。2003 年之后调整为中央分享 60%，地方分享 40%。此外，在出口退税负担机制上，中央与地方负担比例也经过多次调整，到 2005 年，中央与地方按照 92.5∶7.5 的比例分担出口退税。但总体而言这些对中央与地方财政关系的改革都属于零打碎敲的修补，而并非系统性的变革。

综上所述，1994 年分税制改革在取得一定成绩的同时，依然存在很多问题，当时改革的覆盖面也还只是体制内中央与地方财政收支，对于游离于体制之外的政府收支，则没有被纳入。既得利益的掣肘加之财政增收的动因，也在一定程度上束缚了分税制改革的手脚，使得一些做法带有明显的过渡性或变通性色彩，包括转移支付机制等也还有待进一步的制度化。并且，分税制体制改革所着眼的，主要是以税收为代表的财政收入变革；而对于财政关系的另一侧财政支出的调整，虽有所涉及，但并未作为重点而同步进行。特别是在中央和地方事权的划分上还显得比较粗糙，政府职责不甚清晰，又缺乏体制机制保证，使得分税制在制度上并没有坚实的法律基础，这给地方政府留下了不少讨价还价的空间，加之"收支压力"的存在，造成很多地方政府出现一些与财政相关的问题，比如地方债务的节节攀升、"土地财政"等，进而影响到国家治理的方方面面。

总之，1994 年分税制改革的成效有目共睹，它使中央财政收入有集中化趋势，彻底扭转了"两个比重"的下降，也有利于均衡各个地方财力，这是中华人民共和国成立后，第一次有这样一种财政管理体制稳定地运行了 20 多年，为后续构建现代化中央与地方财政关系搭建起基本框架。但毋庸置疑，其也留下了不少亟待改革的空间，特别是并未解决一级财政承担一级责任这一分税制的根本性问题，具体体现在中央与地方财政事权与支出责任的相适应、转移支付制度的完善，以及地方收入体系的健全等领域，而这些均会对国家治理产生不确定的影响，也只能通过进一步深化中央与地方财政关系改革加以解决。

三、党的十八大以来我国中央与地方财政关系的改革

2013 年党的十八届三中全会召开，这具有划时代的意义，实现了改革由局部探索、破冰突围到系统集成、全面深化的转变，开创了我国改革开放新局面，中央与地方财政关系也进入了新阶段。会议通过了《中共中央关于全面深化改革若干重大问题的决定》，提出了推进国家治理体系和治理能力现代化的全面改革，其中，专门针对深化财税体制改革、建立现代财政制度做出了重要部署，提出"财政是国家治理的基础和重要支柱，科学的财税体制是优化资源配置、维护市场统一、促进社会公平、实现国家长治久安的制度保障。必须完善立法、明确事权、改革税制、稳定税负、透明预算、提高效率，建立现代财政制度"。这也意味着我国中央与地方财政关系改革进入了一个崭新的阶段。

这次我国深化财税体制改革的总目标是建立现代财政制度。而现代财政制度正是国家治理现代化的重要基础，它由规范政府与市场、政府与社会、中央与地方关系等一系列的制度组成，而其中中央与地方的财政关系改革则是核心。从实践上看，党的十八大以来，这方面的改革步伐稳健，甚至可以说，这两年中央与地方财政关系已然迈入了新阶段，而大部分深化财税体制改革的重点内容也因此加快了进

程。下面就将中央与地方财政关系改革主要归纳为以下三个方面。

（一）中央与地方财政收入划分的改革

虽然中央与地方财政收入的划分在分税制改革中已经有了较为详细的规定，并且随着形势的变化，在 2003 年左右也进行了一些改革，但对于地方财政收入的划分，始终未能有较好的整体解决方案。党的十八届三中全会，提出关于"保持现有中央和地方财力格局总体稳定，结合税制改革，考虑税种属性，进一步理顺中央和地方收入划分"的要求。然而，近年来在大规模减税降费的背景下，地方政府收入再次受到严峻考验，这一领域仍属于较为艰难的部分。一方面，因为它和中央与地方事权与支出责任划分密切联系，而这正是财税体制改革中"最为难啃的骨头"，涉及国家治理结构的变化；另一方面，也是因为我国地方收入体系长期以来不健全，从地方税、地方费到地方债都一直处在不断规范之中，地方政府早年甚至只能在预算外、体制外寻找收入。后来出现的"土地财政"、地方政府隐性债务问题等，都与地方财政收入不足有一定关系。

而这些年来在中央与地方财政收入划分上，最重要的改革内容就是完善税收制度，主要涉及增值税、资源税、个人所得税等多个税种。2016 年 5 月实施的增值税改革，即"营改增"最为引人注目。由于营业税是地方财政的主体税种，早在 1994 年，我国就确立了增值税和营业税并存的流转税体系，对增强当时政府的财力发挥了重要作用。但两税并存，增加了制度性的交易成本，同时导致重复征税问题较为突出。为建立健全税收制度，促进经济结构调整，支持现代服务业发展，2012 年率先在上海市实施了"营改增"试点，后于 2016 年 5 月全面推开[①]。从目前情况看，"营改增"取得了明显成效，不

---

① "营改增"的主要内容是：将建筑业、房地产业、金融业和生活服务业四大行业纳入"营改增"范围，建筑业、房地产业适用 11% 的税率，金融业和生活服务业适用 6% 的税率；将企业新增不动产所含的增值税纳入抵扣范围等。

仅有效减轻了企业的税收负担，消除了重复征税，以及以往因增值税和营业税并存而导致的企业经营行为扭曲，使得企业在增值税抵扣机制作用下，更加注重规范经营管理，增强发展的内生动力；而且还促进了新经济发展，拉长产业链，催生出一些新产业、新业态、新商业模式。同时，还促进了制造业的转型升级，实现了服务业与制造业的互促共进。可以说，这次"营改增"深化了中国税制改革，完善了中央和地方政府的财政收入关系。

考虑到"营改增"后地方财政收入的重要来源没有了，而目前其他相关税制改革还在进行中，中央和地方事权与支出责任划分改革也需要一个过程，增值税是目前我国第一大税种，"营改增"之前，央地分配比大致是 3∶1，这次中央将增值税的央地分享比例调整为各占 50%①。同时，以 2014 年为基数，中央通过转移支付和税收返还的方式保证了地方财政收入的相对稳定。这虽是一个过渡方案，但却意义重大，标志着共享税已成为地方税收划分的主要方式。

且在全面实施"营改增"后，国务院于 2019 年 10 月发布了《实施更大规模减税降费后调整中央与地方收入划分改革推进方案》，明确了中央与地方收入划分的推进方案，强调要调动中央与地方两个积极性，稳定分税制改革以来形成的中央与地方收入划分总体格局，巩固增值税"五五分享"等收入划分的改革成果②。这些措施进一步稳定了地方预期，保障了其既有财政收入，对理顺中央和地方的收入划分大有裨益。

---

①　具体参见国务院颁布的《全面推开营改增试点后调整中央与地方增值税收入划分的过渡方案》，其主要内容包括：以 2014 年为基数核定中央返还和地方上缴基数，所有行业缴纳的增值税均纳入中央和地方共享范围。中央分享增值税的 50%，地方按税收缴纳地分享增值税的 50%。此外，还印发了《国务院关于实行中央对地方增值税定额返还的通知》，将增值税 1∶0.3 增量返还调整为定额返还，对增值税增加或减少的地区不再增量返还或扣减。

②　同时，要求建立起更加均衡合理的分担机制等，按照深化增值税改革、建立留抵退税制度的要求，在保持留抵退税中央与地方分担比例不变的基础上，合理调整优化地方间的分担办法。从而稳步推进健全地方税体系改革。适时调整完善地方税税制，培育壮大地方税税源，将部分条件成熟的中央税税种作为地方收入，增强地方应对更大规模减税降费的能力。

此外，还积极拓展地方税源，健全地方税体系。将目前属于中央税种的消费税税征收环节后移，并稳步下划给地方。这与我国一直强调的要培育和完善地方主体税种目标一致。因为目前我国的几个主体税都是中央税或共享税，而地方却没有主体税种。且在此之前，我国消费税大多在生产环节进行征收，比如烟酒等。而这次的方案则将消费税征收放到了零售批发环节，这样一来，税收就与当地消费真实地挂起钩来，由此将它逐步纳为地方主体税种就更为顺理成章，并能充分发挥消费税调节市场结构的作用，引导地方改善消费及营商环境，比如大力发展旅游开发、消费经济等，这和一直强调的扩大内需也具有一致性。

由此可见，这些在中央与地方收入划分上的各个措施都始终指向一个目标，就是逐步规范我国地方财政收入体系，在确保中央与地方财力格局稳定的基础上，进一步稳定地方财政收入，同时拓展地方收入来源。但由于我国事权和支出责任划分的改革也还有个过程，税制改革也尚未完成。之后，中央与地方收入划分还将进一步完善，正如"十四五"规划的建议中所强调的，下一步将"健全直接税体系，适当提高直接税率的比重""完善再分配机制，加大税收、社保、转移支付等调节力度和精准性，合理调节过高收入，取缔非法收入"。

（二）中央与地方事权与支出责任划分的改革

1994 年分税制改革的重点在于财权改革，即分"税"，而对事权划分却未做大的调整，只是对支出责任的划分有简要描述，没有明确，显得较为笼统。因此，除了一些特定领域外，如外交、国防等，中央与地方政府的职权高度重合。不仅如此，连省以下各级政府的职责也几乎相同。因此，这种事权的重叠交叉，使中央与地方政府间职责模糊，权力不清，事权收放的随意性大，稳定性不足，也降低了执行效率。一些本应由中央负责的事务交给了地方，如边防公路、跨流域江河保护治理、跨地区污染防治等；而一些地方政府的事务，中央却参与了较多管理，如农村环境治理、学前教育等。还有许多事项，如社保、就业、公共卫生等，中央和地方对此划分更加不明确。实际操作过程中，又主要由中央政府制定政策，地方组织实施，这种政府"下管一级"的局面，容易使事权最终落在基层政府上。

党的十八届三中全会之后，财政被纳入现代国家治理总体布局，并定位于基础和重要支柱，对于理顺事权划分与支出责任的调整也提上了议事日程，并逐渐成为改革的重点。这是关系到国家治理体系建设的重大问题，涉及面广、影响深远。中央与地方财政关系改革也进入新阶段，迈入事权与支出责任划分的具体领域，呈现出许多新的趋势。其实，事权划分改革涉及面广、难度大，不可能一蹴而就，一些成熟市场经济国家的事权划分经历了数百年的逐步演进。从某种意义上说，事权和支出责任划分不仅是财政问题，也是行政管理体制问题，甚至是政治体制问题。其划分不仅涉及行政权划分，还涉及立法、司法等部门，是"大事权"的概念。我国完善社会主义市场经济制度、加快政府职能转变、推进法治化还需要一个过程，短期内全面推进事权和支出责任划分改革的条件也不成熟。

因此，党的十八大之后的这次改革，也是选择从财政事权入手，从而为全面推进事权划分改革奠定基础和创造条件。目前看来，已经取得了一些实质性的进展，构建起了初步的制度框架。分三个层次来看，第一层次是属于指导性的意见，主要体现在：2016 年 8 月国务院正式印发了《关于推进中央与地方财政事权和支出责任划分改革的指导意见》，明确了中央与地方政府间财政事权和支出责任划分改革的基本原则、主要任务和要求，并以财政事权为切口，积极推进其他相关领域的配套改革。可以说，这是继分税制后，我国第一次比较系统地提出中央与地方事权和支出责任的划分问题，对推进这一艰难的改革做出了总体部署，并以此来推进财税体制改革。这是我国在中央与地方财政关系改革上迈出的一大步。只有这项改革顺利推进，我国才能真正建立起现代财政体制，从而进一步完善现代化治理体系。

第二层次是承上启下的环节，进一步明确和细化了中央与地方共同事权和支出责任划分。以 2018 年 1 月国务院正式出台的《基本公共服务领域中央与地方共同财政事权和支出责任划分改革方案》为标志，明确了中央与地方基本公共服务的内容，列出了清单及相关基础标准、支出责任划分情况表等，还确立了分担方式，指出将由中央与地方共同承担支出责任、涉及人民群众基本生活和发展需要的义务教育、学生资助等基本公共服务事项，首先纳入中央与地方共同财政事权范围。体现出适当向中央集中事权和支出责任的倾向，并提高了中央财政对社会养老保险的支出比例。这意味着，我国在中央与地方财政事权和支出责任划分上的改革取得了重大进展。

第三层次，则更为细化和量化，在各个基本公共服务领域中进行中央与地方财政事权和支出责任划分的改革。从 2018 年至今，已出台了关于医疗卫生、科技、教育、交通运输、生态环境、自然资源、公共文化、应急救援等领域的改革方案，这 8 大类 18 项基本公共服务事项的措施出台，将使以往划分不清晰的局面得到显著改变。

与此同时，很多省份也出台了相应的省级以下各领域财政事权和支出责任划分改革的总体方案。当然，从目前来看，多数是文件上的安排，实践中还需要继续磨合和完善。并且，从根本上看，中央与地方事权和支出责任划分的改革，也只能通过法律来进一步解决，包括研究起草政府间的财政关系法等，推动形成保障财政事权和支出责任划分科学合理的法律体系。从而真正建立起激励型财税体制，最大限度地发挥和调动中央与地方两个积极性。

（三）其他相关方面的改革

此外，党的十八大以来，中央与地方财政关系在其他一些方面也取得了不错的进展。比如配合中央与地方财政收入划分改革，在深化国税、地税的征管方面，合并了国税、地税机构。先是于 2015 年出台了《深化国税、地税征管体制改革方案》，解决国税、地税两套机

构出现的职责不清晰、执法不统一、办税不便利等问题。后来，在
2018 年国务院新一轮的行政机构改革中，将 1994 年以来分税制中分
设的省级及以下国税和地税合并。这次合并并不是简单地恢复到分税
制改革之前的单一税务机构，而是明确了国税、地税合并后，实行以
国税总局为主，与省（区、市）人民政府双重领导管理体制。换言
之，将 1993 年之前单一机构的以"块块管理"为主，转变为现在以
"条条管理"为主的统一税务机构。这也标志着我国中央与地方财政
关系改革在不断地调整和完善，征税管理体制迈出了实质性和关键性
的一步。同时，转移支付制度也逐渐建立并完善起来，这方面将在后
续章节中详细展开论述。

　　综上所述，中华人民共和国成立以来我国中央与地方财政关系改
革的历史演进概述，如表 3 - 4 所示。

表 3 - 4　　　1949 年至今我国中央与地方财政关系改革的历史演进

财政体制	时间	中央与地方财政关系概述
统收统支	1950	高度集中，统收统支
	1951~1957	划分收支，分级管理
	1958	以收定支，五年不变
	1959~1970	收支下放，计划包干，地区调剂，总额成分，一年一变
	1971~1973	定支定收，收支包干，保证上缴，结余留用，一年一定
	1974~1975	收入按固定比例留成，超收另定分成比例，支出按指标包干
	1976~1979	定收定支，收支挂钩，总额分成，一年一变。部分"收支挂钩，增收分成"
分灶吃饭	1980~1985	划分收支，分级包干
	1985~1988	划分收支，核定收支，分级包干
	1988~1993	财政包干
分税制	1994	分税制改革
	1995~2013	提高中央财权和财力
	2014 至今	中央与地方共享收入、共担责任

资料来源：笔者整理。

四、我国中央与地方财政关系的特点

纵观我国中央与地方财政关系改革的历史演进可知，由于政治体制和所处社会经济发展阶段的不同，这一过程十分复杂而微妙。无论是改革开放前实施的"行政性分权"，还是改革开放后尝试的各种类型"包干制"，以及 1994 年的分税制改革和目前正在进行中的新一轮财税体制改革，均显示出显著的中国特色。尽管其中体现了一些西方国家分权的一般性规律，但还是以差异性为主。

并且，我国中央与地方财政关系与西方国家相比，最本质的区别在于政治基础，即政体的差异。西方国家中央与地方财政关系准确的表述应该是"财政联邦主义"，因为其大多是建立在三权分立的政治基础之上，中央和地方政府的关系相对独立，并以较为松散的形式存在，在财政分权上强调的也是制衡思想，即：以法律或法规形式规定各个政府的财政行为。这些原则决定了中央和地方政府在财政的具体操作层面上几乎互不干扰，尤其是财政资金的运作上，宏观管理、监督和日常事务分开运作。而我国的中央政府则具有绝对权威性，实行相对垂直的行政管理体制，上下级有隶属关系，这一点和西方国家截然不同。因此，本章对这一中国式的财政分权改革进行归纳和解读，由此揭示我国中央与地方财政关系的特点及发展趋势，也为之后的相关研究奠定了基础。

（一）中央与地方财政关系的立体性：结构与层次

分权与集权是理解中央与地方财政关系①两个绕不开的概念，同

---

① 本章中的"中央与地方财政关系"等同于"财政分权"，两者通用。

时也是多维度概念，所谓"横看成岭侧成峰"。从不同维度看，就会得出不同的看法和结论，如果仅固化一个维度来理解，就无法发现新问题，更无从解决问题。分权其实可以有两种形态：一是平面分权，指的是政府之间的权利和责任划分非常明晰，几乎没有中间地带；二是立体分权，指的是政府之间的分权结构比较复杂，条块间时常相互重叠，很难用单一的标准来划清彼此间的界限。由此判断，联邦制国家大多数属于平面式分权①，而我国则是典型的立体式分权。但目前大多数研究我国财政分权的文献还仅停留在按平面分权来切割事实上立体分权的阶段。

具体而言，我国财政分权的立体性体现在其结构和层次上。首先，来看中央和地方政府间的块状分权结构。改革开放前，中央政府具有一切重大决策权及对地方政府的决策否决权，地方政府（这里包括省及以下政府）是中央政府的派出机构。改革开放以来，随着各项经济政治政策的调整，中央和地方政府的关系也悄然发生变化。现如今地方政府已经是具有一定自治权的实体。如果说省级政府还可以作为中央政府代言人的话，那么省以下的政府则具有相对独立的权力。但与此同时，我国又是单一制的主权国家，地方政府并没有独立的立法权。从根本上看，政府和公众间应是典型的委托代理关系，且上下级政府也是服从与被服从的关系。换言之，我国地方政府更像是中央政府让渡某些权力，其仅仅是作为代理人来执行职能，并或多或少地受到中央政府的约束和监督，离完全意义上的分权政府还有一定的距离。

其次，从财政分权的层次来看，根据法律规定②，我国各级政府在机构设置和纵向职能上是高度一致的，呈现出"职责同构"的局

---

① 不过，西方各国内部的财政分权体制结构也不尽相同，如美、英、法、德等各国的分权体制就不统一，相距甚远。

② 这里主要指《宪法》，规定中央和地方的国家机构职权的划分，遵循在中央的统一领导下，充分发挥地方的主动性、积极性的原则。

面，层次感模糊，并没有按照公共品及其服务的性质，而是较为笼统地进行划分。财政分权的层次感不强，这无疑会造成事权下移和财权上升两种并发现象。因此，在行政管理体制上，我国虽有五级管理体制，但不仅不能一一对应于分权中所规定的责权利，其中分权和集权关系也较为错综复杂，中央对地方的财政分权中，既包含中央业已集权的部分，又有地方可以自由支配的部分，至于比例和程度，则需根据具体问题具体分析。这些局面造成了我国财政分权的立体性突出。

此外，我国政府间的分权结构，不仅包括中央与地方政府的纵向分权，还涉及地方政府间的横向财政分权，以及各部委间的条状财政分权。从广义上看，政府向社会等其他组织分权也在立体化分权局面之中。但财政分权是其中牵一发而动全身的关键，其效应直接或间接地影响到其他类型的分权，以及整个社会经济的发展。因此，目前立体化财政分权的格局决定了我国财政分权的特殊性及其复杂性。

（二）我国中央与地方财政关系的虚实性：名义与实际（显性与隐性）

从我国中央与地方财政关系改革历史演进可以看出，其是在转型经济背景下运行和实施的，由此也展现出不同于别国的一些隐性及显性特征。从名义上的财政分权看，由于垂直的行政管理体制，中央政府具有绝对的权威性，但就地方政府而言，虽名义上没有独立的财政权力，实际中的财权却不可忽视。最明显的例子就是地方税①，我国法律规定中央政府具有唯一的税收收入立法权，省及以下各级政府都不具有财政立法权，只能根据中央颁发的税收法律具体组织财政收入，在规定的空间内行使税收减免权。然而，实际中，中央政府决定开征并定义税基，地方政府却可以拥有该项税收收入。比如由地方政

---

① 税收是以政府为主体的分配活动，地方税则是以地方政府为分配主体的经济活动。从理论上讲，地方税应具备两个基本特征：（1）税收收入归地方政府所有；（2）地方政府有能力改变该税种的收入数额，即由地方政府确定税基或税率。

府以及由中央和地方共同享有的税就属于这一种。

再比如一直以来广受关注的地方政府债务问题。名义上，在我国地方政府并没有举债权①，但长期以来的实践表明，由于财税体制改革滞后，地方政府年度预算形式上是平衡的，并不列赤字，实际上大量的政府性债务在体外循环。就连中央政府也会通过一些"转贷"的方式让渡给地方政府一定债务，如：财政部从 2011 年起，就连续三年印发了关于"地方政府自行发债试点办法"的通知，先后批准了上海市、浙江省、广东省、深圳市、江苏省、山东省等开展地方债试点。2015 年新修订的《中华人民共和国预算法》（以下简称《预算法》）实施后，重新规范了地方政府发行债券的行为，规定举债规模必须由国务院报请全国人大或全国人大常委会批准。

此外，地方政府也会通过其他一些渠道创造出一定"财政收入"，如通过设立平台公司进行融资；以及之前较为普遍的做法，即通过土地出让方式获得财政收入。因此，事实上我国各地方政府拥有相当大的财政自主权。与此同时，由于我国财政分权中的转移支付制度建设还处于不断建设和完善之中，缺乏一定的可预见性，并没有形成有效的制度保障和法律规范。因而，在衡量财政分权度时随机性较大，造成财政分权度的显性和隐性指标的不一致性。

由此，用一般预算收支来衡量我国的显性财政分权度，即名义财政分权度，可能会得出中央财政较为集权的结论。而隐性财政分权，即实际财政分权度，这里指全面考虑地方政府收支，除一般预算收支外，还包括如地方债务、土地财政，以及上级政府下派的任务所配套的支出等各种因素，这样衡量出的财政分权度可能在世界范围内也算高水平的分权了。因此，不管从"收"还是"支"的角度来衡量，

---

① 2014 年新修订的《预算法》规定："经国务院批准的省、自治区、直辖市预算中必需的建设投资的部分资金，可以在国务院确定的限额内，通过发行地方政府债券以举借债务的方式筹措"。这是一个重大突破。而之前的原预算法第 28 条规定："地方各级预算按照量入为出、收支平衡的原则编制，不列赤字。除法律和国务院另有规定外，地方政府不得发行地方政府债券。"

我国实际（隐性）分权度都较高。通常而言，无论是单一制还是联邦制分权国家，均是中央政府具有明显财政主导权，中央财政收入占比超一半以上。相比之下，在我国目前的财政分权格局中，中央政府虽然名义上的财政收入较多，但实际上的可控制财力①仍有限，在进行宏观调控等职能时，就会有些力不从心。

此外，我国财政分权中各种财权、财力、税权、事权、责任等相关概念，也有"虚实"之分。比如，虽有名义上的财权，却因地方经济发展水平差异，政府有时无法获得足够税源，从而无相应财力，实际中无法配合其履行事权。而从事权角度看，名义上地方政府应是以供给公共品及公共服务为主，而实际中，由于和财权无法匹配，事权的履行也难以有效。民众对一些诸如医疗、卫生、教育等公共服务的不满，就是政府在这方面责任不到位的一种体现。相反，招商引资等一些本该属于市场的职能，地方政府却十分热衷。这种实际上事权的错位影响了政府职能的有效发挥，也进一步加剧了财权的错配。这些年来，县乡一级政府出现的财政困难，就是名义上的财权与实际财权不吻合的直接表现。由此可见，由于我国财政分权中虚与实的存在，或者说有很多非正式的"分权措施"，运用西方理论来进行相关解释时，就需十分谨慎，同样的概念内涵却完全不同，如果仅从名义上来理解中国特色的财政分权就会掩盖实际中"分权"真相，而只有把握了实际中的财政分权，才能深刻理解中国财政分权的与众不同之处。

（三）我国中央与地方财政关系的内生性：变革及演进

我国财政分权的这些特殊性有其历史原因，在财政分权的变革及

---

① "土地出让金"就是一个最为显著的例子，从1994年开始就全部归地方所有，中央不再参与分享，而这部分的收入非常可观。

演进上具有鲜明的渐进性和内生性，与经济的互动关系尤为明显。因此，对财政分权的研究一定要将其嵌入经济社会变迁这一大背景中，因为经济发展是财政分权演进的重要因素。虽自秦以来，我国政府就存在多个层级，但各地方政府仅相当于中央政府的派出机构。直到20世纪初，真正意义上的财政分权体制才开始出现。

如前所述，我国目前的财政分权体制是建立在1994年分税制改革的基础之上，与之前的体制存在一定差异，主要体现在财政分的是什么样的"权"上。中华人民共和国成立后，我国开始从高度集权型财政体制向分权化逐渐过渡。改革开放后，财政体制改革沿"让利—放权—分权"这一路径展开，到1994年分税制改革，地方政府已拥有了相对独立的政策制定权、决策权以及执行权。因此，准确地说，我国现代意义上的财政分权是在分税制改革后才出现，之前历次的"分权"更多的是从财政利益角度出发，在中央与地方政府之间进行"利"的分配，属于分散化的权力分配，或者说是一种行政性分权。最为直接的证明就是20世纪80年代包干制的推行，它由中央政府规定一定比例财政收入分配给地方政府。这种分成制更像是一种转移支付，没有形成统一而完整的制度框架，还不属于真正意义上的财政权力分配。因此，分税制改革前的财政分权可称作财政分权的准备阶段。并且，就目前而言，我国财政分权体制也仍处于初级水平，很多重要问题并未从法律上得到确认，需进一步发展和完善，才能最终建立起现代财税体系。

并且，财政分权的这一系列演变并非是由外在的财政政策强制赋予，而是具有一脉相承性，顺应了经济发展的需要，是财政分权内生性的直接表现。众所周知，财政分权背后隐藏着深刻的经济关系，尤其是中央和地方政府之间的博弈。自中华人民共和国成立以来的财政分权改革都有财权向上集中，事权向下移的趋势。这其中的原因恐怕和中央政府需要在对地方政府的"激励与协调"间进行权衡有关：中央政府如果希望激励地方政府，则倾向于放权；反之，中央政府如果希望更好地拥有协调全局的能力，如发挥宏观调控的作用等，则倾向于收权。财政分权就这样随着政府间的博弈——财权和事权的争夺和退让——不断变化，两者相辅相成，当博弈达到一定的"完美均衡"后，不仅能对经济社会发展起到积极作用，而且也为财政分权的合理化提供了有利条件；如果这种均衡受到破坏，在低水平上不断重复，那势必会对经济发展及财政分权本身造成不良影响。于是，财政分权就随着经济社会发展水平及政府间博弈的变化而变动，如前所述中央与地方财政关系改革的动力源泉，其变革及演进具有显著的内生性，经济发展阶段决定了财政分权阶段。

换言之，政府间关系的演变是财政分权的重要基础，而经济发展的不同阶段则是关键，或者说是原动力。图 3 - 6 就展示了这一动态博弈过程，以经济发展阶段为基础，我国从中央财政集权到分散化分权，再逐渐过渡到制度化分权，这也是财政分权从不稳定走向稳定的过程。加之我国中央财政集权的体制特征，中央和地方政府会在激励与协调之间进行博弈，最终则需要和经济发展相吻合，内生地推动财政分权达到最优分权度。

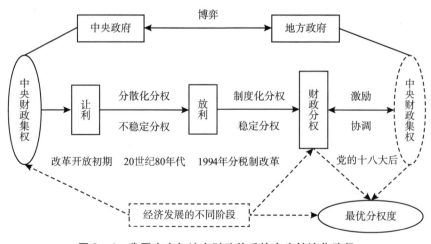

图 3 - 6　我国中央与地方财政关系的内生性演化路径

第四章

我国中央与地方事权与支出责任划分：
基于问卷调查的实证研究

在中央与地方财政关系中，事权划分可以说是整个财政体制运行的基础，而建立事权与支出责任相适应的制度则是中央与地方财政关系改革的核心和基础。党的十八届三中全会明确了"财政是国家治理的基础和重要支柱"，这既是将财政提升到了一个前所未有的高度，也表明了财政与国家治理的息息相关性。而合理划分事权则是建设现代化国家治理体系的重要基础，也是最为重要的课题之一。党的十八届五中全会指出，要建立事权和支出责任相适应的制度，适度加强中央事权和支出责任。这对事权和支出责任的划分提出了更高的要求。目前，围绕推进国家治理体系和治理能力现代化，我国也正在大力推进权和支出责任的改革，目标就是加强顶层设计，调动"两个积极性"，形成中央和地方事权与支出责任相适应的现代财政体制。

一、事权和支出责任划分的经济学分析

（一）事权和支出责任划分的前提

一般而言，事权是指各级政府及其职能机构处理社会事务的职

权，包括规划编制、标准制定、行政决策、组织实施及监督检查等多种要素。对于多级政府来说，事权的划分既包括不同层级政府之间的纵向配置，也包括同一级政府各部门之间的横向配置，通常由宪法或基本法确定，世界各国都基本如此。而与事权相对应，支出责任则指的是履行政府事权的筹资责任，即一级政府必须承担的财政支出义务，"谁来出钱"，指资金的供给方。支出责任与事权密不可分，并在一定程度上从属于事权，有事权才会有支出责任，但它与事权又不是完全匹配的。比如，有时事权明确为一级政府，但支出责任却可能由另一级政府或共同承担。

在这里，需要指出的是，政府事权划分虽不完全属于财政问题，而是政治体制及行政组织的重要内容，但它却是国家行使财政权力的重要基础，没有合理的事权划分，就很难确定政府的支出责任。在2016年8月出台的《关于推进中央与地方财政事权和支出责任划分改革的指导意见》中，所提出的事权与支出责任划分前面就多了"财政"二字。这主要是因为，中央与地方事权划分不仅涉及行政权划分，还涉及立法、司法等广义的公共服务部门，是"大事权"的概念，也是个复杂的系统性工程。由于我国完善社会主义市场经济制度、加快政府职能转变、推进法制化等都还需要一个过程，短期内全面推进事权和支出责任划分改革的条件尚不成熟，而且仅依靠财政也很难完全实行。因此，选择从财政事权入手是一个很好的切入口。这里的财政事权，更多地是指一级政府所应承担的，运用财政资金履行的任务和职责。简言之，就是一级政府花钱该干什么事，如前所述，本书中事权也大多指的是财政事权。

事权和支出责任划分的前提是要明确政府的职能，即确定政府与市场以及社会的边界，而这是一个老生常谈的资源配置问题。大量相关理论和实践都证明了，市场机制是资源配置最为有效率的方式。但在现实中，由于存在外部性、信息不完全等因素，"市场失灵"现象也时常发生，因此市场的作用范围是有限的。而政府的职能主要就是弥补市场失灵，进行宏观调控、制定规则、市场监管、社会管理以及供给公共品和服务等。由此，厘清了市场和政府的边界，政府的职责也就显而易见。明确政府的职能，也即事权的范围，就是要在保证市场发挥决定性作用的前提下，去管好那些市场管不了或管不好的事情，将市场这只"看不见的手"和政府"看得见的手"有机结合起来，共同对资源进行有效配置。在党的十九届五中全会上，对政府与市场的关系也有了新的提法，即"充分发挥市场在资源配置中的决定性作用，更好发挥政府作用，推动有效市场和有为政府更好结合"。从某种意义上说，这也是对财政职责和作用的要求，两者是有机统一的。

（二）划分的基本原则

在多级政府的现代国家中，理想的中央与地方财政关系应是首先明确政府的边界，也即从整体上划分政府的各项事权。其次，再科学地划分各级政府的事权与支出责任。再次，根据划分的事权与支出责任合理设计各级政府的收入，包括安排相应的税制结构等，以及在此基础上进行转移支付，以此来辅助调节，使事权、支出责任和财力等相匹配。通常而言，事权与支出责任的划分一般都遵循以下三个原则。

一是，外部性原则。外部性是经济学中最为重要的概念之一，主要指经济主体的经济活动对他人和社会造成了影响，但该经济主体却并不为此承担责任。外部性既可以是正面影响，也可以是负面影响。前者是经济主体给他人和社会带来利益，却没有得到补偿；后者则相反，经济主体对他人和社会带来了伤害，却不必为此进行补偿。

延伸到事权划分上，主要是政府在供给公共品和服务的过程中也会产生外部性。以修建医院等公共机构为例，某个地方政府用财政资金投资建立了高水平的医院，附近地区的居民可以方便地去享受其医疗服务，那么这个医院就对附近居民产生了正的外部性，即附近居民不用分担医院建设成本，却也享受了相应的服务。由此类推，可以根据供给公共服务的受益范围来确定事权和支出责任，即，哪里的居民受益了，就由哪一级政府承担事权和支出责任。所以，事权划分时要根据外部性原则来确定由哪一级政府承担，如果项目对外部主体带来一定的收益或损失，则由上级政府出面解决。比如，供给全国性的公共品及服务，包括宏观经济稳定、再分配、国防、外交等，就理所应当地属于中央政府。而那些仅仅为本区域内居民提供的公共品和服务，比如城乡社区设施、环境卫生等，就应划分给地方政府。而对于跨区域以及具有较强外部性的公共品则一般由中央政府供给、组织或一定程度地参与。比如高速公路的修建，其外部性就较强，特别是在各个地区的交界处，通常都需由上级政府来进行跨区域的协调，以使这种外部性内部化。换言之，中央与地方在划分事权和支出责任时，要充分考虑到外部性原则，尽可能内部化外部性，由上一级政府来协调相关的效益和成本。当然，由于外部性问题本身的复杂性，在事权划分上还应充分考虑其他相关因素，具体事项具体分析。

二是，信息复杂性原则。各级政府的事权都错综复杂，在划分上，除了要充分考虑外部性以及相关收益原则外，信息处理的复杂程度也是必须遵循的原则。对于信息的处理，各层级政府拥有不同优势。通常而言，地方政府更接近基层，比起中央会更容易甄别信息。因此，信息复杂程度越高，由基层政府来承担相应事权与支出责任就越可以节约交易成本，提高执行效率；而中央政府则不具备搜集和处理异质性信息的能力。以医疗信息为例，因其信息复杂程度较高，存在信息高度不对称的情况，需精细管理，按照信息复杂性适应原则就应交由地方政府来处理为主。不过，由于医疗还涉及人员流动，医疗资源不均衡等问题，中央还是应协助地方，实行中央和地方共同管理的事权模式。当然，随着现如今大数据和人工智能的兴起，对于信息的处理，中央与地方的差异正在越发缩小。今后对一些事权的划分可能会随着这些新兴技术发展而不断发生变化。

三是，激励相容原则。即需要设计使全局利益最大化的制度，充分调动中央和地方两个积极性。具体到事权和支出责任的划分上，由于中央与地方政府掌握不同的财政资源，地方在进行资源配置时，既要考虑上级政府的满意度，也要考虑居民的满意度，从而在两者间进行权衡。如果事权的安排，能够使得中央与地方都尽力做好自己的职责，让全局利益最大化，那么安排这种事权的制度就是激励相容的。而不按照激励相容原则划分事权，则会造成经济社会低效率运行。比如，区域性环保虽然属于地方性事务，但其对全局的影响较大，中央政府也应承担相应的支出责任。

当然，现实中要满足这些原则，也需要一定的条件。首先，地方政府需要对辖区有一定的经济管理权力，即所谓的"地方自治条件"，这样地方才能自主地决定对公共品和服务的供给，保证地方有能力承担支出责任。其次，地方政府要有预算的硬约束条件，即地方政府需要承担其财政责任，这也是中央与地方划分支出责任的根本所在，否则"一推到底"，形成软预算约束，又成了中央来兜底，就失去了划分事权与支出责任的意义。最后，事权和支出责任的划分要有制度化的保证，中央既不能随意更改地方的事权和支出责任，地方也不能推诿相应的财政责任，这和预算硬约束相辅相成。

总之，在中央与地方事权和支出责任的划分问题上，理论上较为容易定义，也就是满足外部性原则、信息复杂性原则以及激励相容原则，根据公共服务和公共品的受益范围来确定事权和支出责任。但在实际操作中，却往往会受到多重因素的影响，包括历史、文化、政治、地理以及经济发展水平等，需要在结合这三个基本原则的基础上，具体事项具体分析。

二、我国中央与地方事权与支出责任划分
存在的问题及原因

(一) 历史沿革及现状

我国中央与地方政府事权划分可以追溯到中华人民共和国成立初期。早在1949年的《中国人民政治协商会议共同纲领》中就规定了"中央人民政府与地方人民政府间职权的划分，应按照各项事务的性质，由中央人民政府委员会以法令加以规定，使之既利于国家统一，又利于因地制宜"。现行我国中央与地方事权的划分，在相关法律中也有原则性的规定，如在《中华人民共和国宪法》(以下简称《宪法》) 第三条中规定：中央和地方的国家机构职权划分，遵循在中央统一领导下，充分发挥地方的主动性、积极性的原则。第八十九条则规定了国务院的职权范围，明确由国务院统一领导全国地方各级国家行政机关的工作，同时还规定中央和省、自治区、直辖市的国家行政机关职权的具体划分。而在《中华人民共和国地方各级人民代表大会和地方各级人民政府组织法》第五十九条和第六十一条中分别规定了县级以上和乡、民族乡、镇的人民政府行使的职权。此外，在《中华人民共和国教育法》《中华人民共和国公路法》《中华人民共和国消防法》等相关法律中也对各级政府的有关职权有相应的规定。

此外，宪法对我国地方各级国家权力机关、行政机关的职权做出了明确规定，以宪法形式确定了中央与地方的权力分配关系，使得包括财权在内的权力下放有了法理性基础。

1994年的分税制改革对中央与地方财政关系进行了重大调整，特别是税收利益方面有了较为详细的规定，对支出责任也进行了相对明确的划分，如表4-1所示。但遗憾的是，当时并没有涉及中央与

地方事权的划分。进而造成之后的 20 多年里，我国中央与地方的事权始终不甚清晰，法治化程度较低。究其原因，主要是事权划分的改革难度较大，涉及范围广，而当时实施分税制改革的主要动因是为了集中财力，因此对事权问题未做过多修订及解释。

表 4 - 1　　　　　　　1994 年分税制改革中关于我国中央和地方

政府财政支出责任的划分

中央财政支出责任	国防、武警经费，外交和援外支出，中央级行政管理费，中央统管的基本建设投资，中央直属企业的技术改造和新产品试制费，地质勘探费，中央安排的农业支出，中央负担的国内外债务的还本付息支出，中央本级负担的公检法支出和文化、教育、卫生、科学等各项事业费支出
地方财政支出责任	地方行政管理费，公检法经费，民兵事业费，地方统筹安排的基本建设投资，地方企业的改造和新产品试制经费，农业支出，城市维护和建设经费，地方文化、教育、卫生等各项事业费以及其他支出

资料来源：《国务院关于实行分税制财政管理体制的决定》。

后来在 2012 年《国家基本公共服务体系"十二五"规划》中，对中央与地方基本公共服务中的支出责任也有过一些划分建议。不过在中央与地方事权划分还较为模糊的情况下，这些对支出责任划分的建议也只能是语焉不详，并没有确定的比例。因此，直到新一轮财税体制改革启动后，中央与地方的事权划分问题被上升到一个新的高度，成为焦点和热点，相关改革也进入了一个新阶段。特别是党的十八大之后，先后出台了一系列关于这方面的文件，如表 4 - 2 所示。

表 4 - 2　　　　党的十八大以来关于中央与地方事权和支出责任

划分改革的文件及其表述

会议	文件	表述
党的十八届三中全会	《中共中央关于全面深化改革若干重大问题的决定》	建立事权和支出责任相适应的制度

会议	文件	表述
党的十八届四中全会	《中共中央关于全面推进依法治国若干重大问题的决定》	推进各级政府事权规范化、法律化，完善不同层级政府特别是中央和地方政府事权法律制度
党的十八届五中全会	《中共中央关于制定国民经济和社会发展第十三个五年规划的建议》	建立事权和支出责任相适应的制度，适度加强中央事权和支出责任
党的十九大	《决胜全面建成小康社会　夺取新时代中国特色社会主义伟大胜利》	建立权责清晰、财力协调、区域均衡的中央和地方财政关系

资料来源：笔者根据各文件资料整理。

其中，以国务院在 2016 年出台的《关于推进中央与地方财政事权和支出责任划分改革的指导意见》（以下简称《指导意见》）为基础，明确了一些相关原则，包括：体现基本公共服务受益范围，兼顾政府职责和行政效率，实现权、责、利相统一，激励地方政府主动作为和做到支出责任与财政事权相适应等，这些也符合经济学中的相关分权理论和现实需要。同时，还明确了一些中央与地方财政事权的具体改革内容，如表 4-3 所示。

表 4-3　　2016 年《指导意见》对中央与地方财政事权的划分

中央政府的财政事权	国防、外交、国家安全、出入境管理、国防公路、国界河湖治理、全国性重大传染病防治、全国性大通道、全国性战略性自然资源使用和保护等基本公共服务
地方政府的财政事权	社会治安、市政交通、农村公路、城乡社区事务等受益范围地域性强、信息较为复杂且主要与当地居民密切相关的基本公共服务
中央与地方共同的财政事权	义务教育、高等教育、科技研发、公共文化、基本养老保险、基本医疗和公共卫生、城乡居民基本医疗保险、就业、粮食安全、跨省（区、市）重大基础设施项目建设和环境保护与治理等体现中央战略意图、跨省（区、市）且具有地域管理信息优势的基本公共服务

资料来源：《国务院关于推进中央与地方财政事权和支出责任划分改革的指导意见》，2016 年 8 月 24 日。

　　同时，对完善中央与地方的支出责任划分也进行了说明。提出要进一步完善中央与地方事权和支出责任划分问题，特别是要根据财政事权与支出责任相适应的原则，属于中央的财政事权，就应当由中央财政安排经费；同理，属于地方财政事权的则由地方通过自有财力安排。若是中央的财政事权委托地方，要通过专项转移支付给予相应经费；地方财政事权委托中央机构行使，也一样由地方政府负担相应经费。在共同财政事权上，则根据基本公共服务属性、受益范围以及信息复杂性等，由中央和地方按照比例来承担支出责任。由此，适度加强中央政府的财政事权，保障地方政府履行财政事权，减少并规范中央与地方共同财政事权以及建立财政事权划分动态调整机制等。不过，从中可以看出，中央与地方的共同财政事权项目比较多，远远超过了中央和地方的单独财政事权，显得有些泛化。因而，不难推测，在实践中，还需要中央与地方进一步协商，也不利于事权的规范化和法治化。

　　到 2018 年 1 月，国务院又印发了《基本公共服务领域中央与地方共同财政事权和支出责任划分改革方案》（见表 4 - 4），明确列出了 8 大类中央与地方共同事权的清单及基础标准、支出责任划分情况。这标志着我国财政事权和支出责任划分改革取得了重大进展，将由中央与地方共同承担支出责任，涉及人民群众基本生活和发展需要的义务教育、学生资助等 18 个基本公共服务事项，首先纳入中央与地方共同财政事权范围。并且，在接下来两年的时间内，先后出台了关于医疗卫生、科技、教育、交通运输、生态环境、自然资源、公共文化、应急救援等领域的财政事权与支出责任划分的改革方案。与此同时，很多省级政府也随之出台了相关的改革方案。由此可见，我国财政事权与支出责任划分不清晰的局面正在逐渐改变中。

表4－4　　　　　基本公共服务领域中央与地方共同财政事权
清单及基础标准、支出责任划分情况表

共同财政事权事项		基础标准	支出责任及分担方式
义务教育	1. 公用经费保障	中央统一制定基准定额。在此基础上，继续按规定提高寄宿制学校等公用经费水平，并单独核定义务教育阶段特殊教育学校和随班就读残疾学生公用经费等	中央与地方按比例分担。第一档为8∶2，第二档为6∶4，其他为5∶5
	2. 免费提供教科书	中央制定免费提供国家规定课程教科书和免费为小学一年级新生提供正版学生字典补助标准，地方制定免费提供地方课程教科书补助标准	免费提供国家规定课程教科书和免费为小学一年级新生提供正版学生字典所需经费，由中央财政承担；免费提供地方课程教科书所需经费，由地方财政承担
	3. 家庭经济困难学生生活补助	中央制定家庭经济困难寄宿生和人口较少民族寄宿生生活补助国家基础标准。中央按国家基础标准的一定比例核定家庭经济困难非寄宿生生活补助标准，各地可以结合实际分档确定非寄宿生具体生活补助标准	中央与地方按比例分担，各地区均为5∶5；对人口较少民族寄宿生增加安排生活补助所需经费，由中央财政承担
	4. 贫困地区学生营养膳食补助	中央统一制定膳食补助国家基础标准	国家试点所需经费，由中央财政承担；地方试点所需经费，由地方财政统筹安排，中央财政给予生均定额奖补
学生资助	5. 中等职业教育国家助学金	中央制定资助标准	中央与地方分档按比例分担。第一档分担比例统一为8∶2；第二档，生源地为第一档地区的，分担比例为8∶2，生源地为其他地区的，分担比例为6∶4；第三档、第四档、第五档，生源地为第一档地区的，分担比例为8∶2，生源地为第二档地区的，分担比例为6∶4，生源地为其他地区的，与就读地区分担比例一致，分别为5∶5、3∶7、1∶9

续表

共同财政事权事项		基础标准	支出责任及分担方式
学生资助	6. 中等职业教育免学费补助	中央制定测算补助标准，地方可以结合实际确定具体补助标准	中央统一实施的免学费补助所需经费，由中央与地方分档按比例分担。第一档分担比例统一为8∶2；第二档，生源地为第一档地区的，分担比例为8∶2，生源地为其他地区的，分担比例为6∶4；第三档、第四档、第五档，生源地为第一档地区的，分担比例为8∶2，生源地为第二档地区的，分担比例为6∶4，生源地为其他地区的，与就读地区分担比例一致，分别为5∶5、3∶7、1∶9
	7. 普通高中教育国家助学金	中央制定平均资助标准，地方可以按规定结合实际确定分档资助标准	所需经费由中央与地方分档按比例分担。第一档为8∶2，第二档为6∶4，第三档为5∶5，第四档为3∶7，第五档为1∶9
	8. 普通高中教育免学杂费补助	中央逐省核定补助标准，地方可以结合实际确定具体补助标准	中央统一实施的免学杂费补助所需经费，由中央与地方分档按比例分担。第一档为8∶2，第二档为6∶4，第三档为5∶5，第四档为3∶7，第五档为1∶9
基本就业服务	9. 基本公共就业服务	由地方结合实际制定标准	主要依据地方财力状况、保障对象数量等因素确定
基本养老保险	10. 城乡居民基本养老保险补助	由中央制定基础标准	中央确定的基础养老金标准部分，中央与地方按比例分担。中央对第一档和第二档承担全部支出责任，其他为5∶5
基本医疗保障	11. 城乡居民基本医疗保险补助	由中央制定指导性补助标准，地方结合实际确定具体补助标准	中央与地方分档按比例分担。第一档为8∶2，第二档为6∶4，第三档为5∶5，第四档为3∶7，第五档为1∶9
	12. 医疗救助	由地方结合实际制定标准	主要依据地方财力状况、保障对象数量等因素确定

共同财政事权事项		基础标准	支出责任及分担方式
基本卫生计生	13. 基本公共卫生服务	由中央制定基础标准	中央与地方分档按比例分担。第一档为8:2，第二档为6:4，第三档为5:5，第四档为3:7，第五档为1:9
	14. 计划生育扶助保障	由中央制定基础标准	中央与地方分档按比例分担。第一档为8:2，第二档为6:4，第三档为5:5，第四档为3:7，第五档为1:9
基本生活救助	15. 困难群众救助	由地方结合实际制定标准	主要依据地方财政困难程度、保障对象数量等因素确定
	16. 受灾人员救助	中央制定补助标准，地方可以结合实际确定具体救助标准	对遭受重特大自然灾害的省份，中央财政按规定的补助标准给予适当补助，灾害救助所需其余资金由地方财政承担
	17. 残疾人服务	由地方结合实际制定标准	主要依据地方财力状况、保障对象数量等因素确定
基本住房保障	18. 城乡保障性安居工程（包括城镇保障性安居工程和农村危房改造等）	由地方结合实际制定标准	主要依据地方财力状况、年度任务量等因素确定

资料来源：《基本公共服务领域共同财政事权和支出责任划分改革方案》，2018年2月8日。

不过，从中央与地方财政收支的具体数字来看，在实际运行中，虽然近几年中央财力增长较快，但支出占比一直呈现下降趋势，保持在15%左右，而地方财政支出则居高不下，1994～2020年中央与地方财政支出占比如图4－1所示。这说明中央财力主要还是用于转移支付，真正承担的支出责任相对较少。并且，如果算入转移支付等因素，中央支出占比大概在38%左右。而目前地方大约40%的支出靠税收返还和转移支付，这在一定程度上影响了地方事权的落实，说明目前事权与支出责任改革还有进一步提升的实质空间。

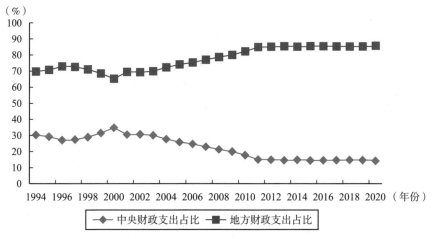

图 4 - 1　1994 ~ 2020 年中央与地方财政支出占比

资料来源：Wind 数据库。

（二）存在的问题及原因分析

1. 事权划分缺乏系统性制度安排

由此可见，一直以来，我国中央与地方事权的划分改革多以政策性文件展开，缺乏系统性的制度安排，更无相关的法律规范。从我国宪法对事权的划分来看，仅仅是做了一些原则性的规定，而实践中则多以文件形式来处理中央与地方财政关系，缺乏必要的法律权威和约束。以近年来共同事权改革来分析，尽管出台了很多相关文件，但很多还是以"指导思想""通知"等确定其划分框架，且有些相关规定之间还存在冲突，比如：中央与地方共同事权划分与部分领域立法中的事权归属存在交叉且矛盾之处。以教育事权为例，《中华人民共和国义务教育法》和《教育领域中央与地方财政事权与支出责任划分改革方案》就义务教育这一事权的划定，就并没有形成完整且统一的规定。因此，非常不利于中央与地方财政关系法治化和规范化。且在实践中，还存在共同事权的种类、数量过多现象。大量共同事务由中央下发指导文件，地方各级进行层层转发，并再出台有关文件贯彻落实具体文件，也即出现"以文件来落实文件"的现象。由此，导致共同事权供给质量不高、规模不足且包容性差等问题。

此外，我国中央与地方事权划分还存在行政化的特征，也就是说中央政府通常用命令的方式来安排地方履行事权，而不是根据事权本身的属性。在事权的执行层面上，也存在一些不规范的现象。比如，税收立法权、管理权应该在中央，但有些地方政府却在未取得授权的情况下，制定减免税政策或变相税收优惠，造成税收的"洼地"，破坏了市场的统一规则。纵向事权划分如此，横向事权划分也同样存在不清晰的问题，如党、人大、司法机关等就缺乏与政府在事权上的明确划分，且多数领域都没有通过法律形式加以规范和明确。尤其是很多部委管理了较多的地方政府事务，造成职责不清，这也从一个侧面反映出中央与地方以及与各个部委之间的"条条"职责与"块块"职责的不清晰。

2. 事权划分的混乱化和碎片化

虽然1994年的分税制改革对财政支出的划分有简要描述，但对事权划分则没有明确，显得较为笼统。除了一些特定的领域外，如外交、国防等，中央和地方政府的职权高度重合。不仅如此，省以下各级政府的职责也几乎相同，仅仅是管辖范围有所区别，职责同构现象严重，形成"上下一般粗"的局面。这种事权的重叠交叉，使中央与地方职责模糊、权力不清、事权收放的随意性大，稳定性不足，也降低了执行效率。由此，容易造成：一方面一些本应由中央负责的事务交给了地方，如边防公路、跨流域江河保护治理、跨地区污染防治等。另一方面一些本应属于地方政府的事务，中央却参与了较多的管理，如农村环境治理、学前教育等。还有许多事项，如社保、就业、公共卫生等，中央和地方的划分也不甚明确。

而在实际操作过程中，又主要由中央政府制定政策，地方组织实施，这种政府"下管一级"的局面，容易造成事权最终落在基层政府上这一必然结果。同时，中央事权又明显被弱化。根据财政部官网数据显示，从一般公共预算来看，我国中央政府本级支出占全国财政支出不足20%，而OECD官网数据则显示，其成员的这一比例一般均高于50%。这种事权履行的下沉，不仅制约了市场统一，也妨碍了基本公共服务的均等化，与财政作为国家治理能力现代化的表征不相吻合。

同时，一些全国性、跨地区及外部性较强的事务，中央参与有限，主要还是通过地方政府组织实施。以交通为例，很多连接相邻省份间的道路，都属于跨地区公共品，地方政府缺乏修建动力，但由于上级政府不去协调，造成实际中存在的众多断头路，这不仅影响地方经济发展，也对全国发展造成不良影响。事权划分的这种混乱化和碎片化，不仅不利于调动中央和地方政府的积极性，也对其他财政体制的安排造成了不良影响，如财权配置、转移支付等，使得资金利用效率低下，资源配置失效，容易诱发寻租、腐败等现象，不利于国家治理现代化。

3. 实际运行中的支出责任划分不清晰

而正是由于我国政府的事权目前还处于划分不清的状态，导致了支出责任也不甚明晰。尽管分税制对中央和地方政府支出已有明确规定，但由于事权划分的不清，相互交融，使得支出责任在实际运行中并不规范。地方政府，特别是基层政府，往往承担了最终责任，造成其压力过大，甚至造成基层财政困难，这也成为近些年来地方政府债务不断攀升的主要诱因。

如一些明确为中央事权的项目，却要求地方承担一部分筹资责任；还有些地方政府承担了本应是中央支出责任的项目，如，质量技术监督与检验检疫事务、国防、拥军优属、退役士兵能力提升、部队供应、军人生活补助、义务兵优待、农村籍退役士兵老年生活补助、退役安置、食品和药品监督管理事务、国际河流治理与管理等；而有些属于地方管理的事务，中央又承担了支出责任，如，职业教育、特殊教育、基本公共卫生服务、疾病预防控制、其他生活救助等。可以说，中央政府除了一般性转移支付外，为地方事权专项筹资，范围几乎涉及了所有的支出领域，如，区域性的重大基础设施建设、农村改水改厕等，就是由中央通过专项转移支付来进行支持。这容易导致中央陷入大量微观事务中，也不利于因地制宜发挥地方主动性，还在支出责任上造成追责难。

此外，还存在许多事权与支出责任的错位及不衔接现象。虽然从理论上，事权与支出责任完全匹配是不可能的，但实际中，借助于一些财政工具，如转移支付等，可以使两者尽量相一致。但在我国从分税制改革开始，中央与地方政府的事权与支出责任就显示出不对称性。在初始收入分配中，中央与地方政府就存在不合理问题。比如，中央在收入中占了大头，地方却较少，大致呈现二八开；而在支出责任划分上，则刚好相反。即使算上转移支付，事权与支出责任也难以相互适应。更何况，还有一些明确为中央事权的项目，很多情况下，地方政府也被要求承担一部分筹资责任。可见，现实中存在不少中央与地方支出责任错位的现象。

三、我国中央与地方事权与支出责任划分
问题的问卷调查研究

为了从微观层面更加深入地分析和研究我国事权与支出责任划分的问题，本书设计了相关的问卷，利用作者所在干部学院培训学员的机会，对百余位学员进行了问卷调查，从政府公务员的微观视角，来研判当前我国事权与支出责任的现状，并从中发现存在的问题及深层次原因，再进一步给出相关的政策建议。

（一）问卷调查的背景

在实际操作中，事权和支出责任会落实到具体的工作人员，特别是中央和地方政府的官员。因此，对他们进行相关问卷调查，更能从微观视角反映出问题的实质。就此本书设计了"关于我国中央与地方事权和支出责任的问卷调查"，并全程进行了问卷的发送、回收以及统计整理等工作。针对错综复杂的关系，进行了分类和提炼，共设置了三大类问题，即中央与地方政府的权力问题、中央与地方事权划分问题以及中央与地方支出责任问题等，共计20个问题，其中大部分是程度选择题，最后是一道综合性的开放式问题。从而，力图通过透视这些问题及其答案，初步分析当前我国事权与支出责任划分问题的症结所在，以期更为有效地提出中央与地方财政关系改革，尤其是事权与支出责任相关改革的建议。

（二）问卷调查的基本情况

对中央与地方事权与支出责任划分问题最有发言权的是政府公务员，其中既包括中央政府的公务员，也包括地方政府的公务员。因此，在问卷调查对象选择上，也充分考虑到了适用性，以涵盖这两者为目标。由于调查的主要目的是利用问卷结果，深入了解目前政府公务员如何从内部人的视角看待中央与地方事权与支出责任。因此，问卷调查并没有对不同研究对象加以区分，而是将其作为一个整体加以分析。向当时（2017年9月到2019年12月；2020年上半年因为受到新冠肺炎疫情防控的影响，培训中断了半年）在校培训的部分学员共计发放问卷300份，收回有效问卷282份，问卷回收率达到94%。且由学员在培训期间随堂逐一阅读并填写完成，可信度较高。

（三）问卷调查的总体分析

在所进行的调查问卷中，从个人基本情况来看，女性占1/4，男性占 3/4；从年龄分布来看，50 岁以上居多，占 60%；从学历来看，研究生和本科几乎各占一半；从单位属性来看，中央或国家机关以及地方党政机关也是各占一半；从行政级别上来看，由于所调查班级均为厅局级班，因此，所有对象都是厅局级。从中可见，问卷调查结果，大致可以代表中央和地方政府中一部分中高级别公务员的观点。

下面，通过具体分类来分析其中的代表性问题。第一类问题是从宏观上判断我国目前中央与地方政府的权力关系，共设计了四道程度的问题。关于我国中央与地方政府权力关系的问卷调查结果如表 4-5 所示。

表 4-5　　关于我国中央与地方政府权力关系的问卷调查结果

选项	完全同意	基本同意	不大同意	完全不同意
中央给地方的权力过大	3.1%	12.5%	78.2%	6.2%
中央给地方的权力刚刚好	0	24.2%	75.8%	0
中央给地方的权力过小	0	39.4%	57.6%	3%
分权和实际中的权限不太一致	23.5%	64.7%	11.8%	0

由于我国政体上实行的是人民代表大会制度，中央和地方国家机构职能的划分，遵循在中央统一领导下，充分发挥地方的主动性、积极性的原则。一般而言，地方政府的权力是由中央政府赋予的，所以中央政府具有绝对权威。但从结果来分析，大部分调查对象认为我国中央与地方政府的权力存在理论和实际不一致的现象，且对中央给地方的权力认识不统一。一方面，这是因为所调查的对象，既有中央政府公务员，又有地方政府公务员，各自所处角色不同，因而对问题认识也不统一。另一方面，也可能是因为我国政府权力的分配会在不同地区，根据不同阶段进行动态调整，由此，造成各级政府公务员在直观上的认识不一样。

为了更加细化对政府权力的判断，问卷设置了第二类关于中央与地方事权划分的题目，共计 4 道，关于我国中央与地方事权划分的问卷调查结果如表4-6所示。

表4-6 关于我国中央与地方事权划分的问卷调查结果

选项	完全同意	基本同意	不大同意	完全不同意
中央和地方政府事权划分不清，支出责任不明晰	41.2%	47.1%	11.7%	0
中央和地方政府的事权与支出责任错位	18.2%	48.5%	33.3%	0
中央政府的事权弱化，最终落到地方政府上	0	44.1%	50%	5.9%
中央和地方政府的职责同构现象严重	9.1%	60.6%	30.3%	0

从问卷调查结果来看，在对中央与地方事权划分上的观点较为一致，即大部分调查对象都认为，我国中央和地方政府的事权划分不清，从而支出责任也会出现不明晰及错位现象。而在中央政府事权弱化上，则观点不尽相同，这可能还是与调查对象一半来自中央、一半来自地方有一定关系。此外，对中央和地方职责同构现象，认识较为统一，超过一半以上的调查对象同意这一观点。

第三类问题是关于中央与地方政府的支出责任，就此问卷也设计了4道相关程度的选择题，关于我国中央与地方支出责任的问卷调查结果如表4-7所示。

表4-7 关于我国中央与地方支出责任的问卷调查结果

选项	完全同意	基本同意	不大同意	完全不同意
中央的事权与支出责任均较大，地方则只是配套	0	26.4%	70.6%	3%
中央财力大，但承担的支出责任相对较少	0	35.3%	58.8%	5.9%
地方财力小，但却承担了较多的支出责任，其财力需求还在不断提高	6.2%	75%	18.8%	0
中央政府的财权过度上收，事权过度下放	0	42.4%	57.6%	0

在支出责任的问题上，由于我国实施分税制时，就对此进行过了较为彻底的改革，因此观点的一致性较高。比如，认为中央的支出责任相对地方而言是偏低的；而地方政府则承担了较多的支出责任。当然，在中央政府财权是否过度集中，事权是否过度下放的问题上，则认识相当不统一。

对于今后我国事权与支出责任的改革方向，也进行了相关问题的调查，共设计了6道程度分值式问题，1道多选题以及1道开放式问题（您对现在建立事权与支出责任相适应的财政体制改革还有哪些看法？）。关于我国中央与地方事权与支出责任改革的问卷调查结果如表4-8和表4-9所示。

表4-8　　　　关于我国中央与地方事权与支出责任改革的
问卷调查结果

选项	完全同意	基本同意	不大同意	完全不同意
我国政府事权改革的核心是以法律形式明确各自事权	31.2%	59.4%	9.4%	0
地方政府需要有权适当调整地方税种或税率	21.2%	48.5%	18.2%	12.1%
地方政府需要有权开征地方特色税费	17.6%	38.2%	20.6%	20.6%
地方政府需要有权发行地方政府债券	9%	42.4%	36.4%	12.1%
目前中央对地方的转移支付没有相对规范健全的法律体制	21.1%	63.6%	15.1%	0
中央的专项转移支付比例高，一般性转移支付偏低，结构不合理	18.2%	57.6%	21.2%	3%

可见，从调查结果来看，大部分调查对象都比较赞同以法律的形式明确中央与地方的事权划分以及转移支付等。在事权归属上，认为外交、国防以及宏观经济稳定等毫无疑问是中央政府的职责所在；而社区公共服务、环境卫生等事权应归属地方政府。不过，对于其他一

些事权，如质量监督、社会保障，认为应由中央和地方政府共同承担，而义务教育则各持己见，三方的支持都差不多。这与现实中对此问题的认识也不统一具有一致性。此外，调查结果还显示，认为应允许地方政府采取适当的措施增加收入，如调整地方税或税率，但对开征地方税费及地方政府债券等方面，则存在一定分歧。

表4-9 关于我国中央与地方事权与支出责任改革的
问卷调查结果（续）

选项	您认为哪些事权应归中央	您认为哪些事权应归地方	您认为哪些事权可由中央和地方政府共同承担
宏观经济稳定	86.7%	0	10%
外交	100%	0	0
国防	100%	0	0
质量监督	20%	23.3%	56.7%
社区公共服务	0	90%	10%
环境卫生	3.3%	70%	30%
社会保障	20%	16.7%	63.3%
义务教育	36.7%	30%	36.7%

在开放式问题中，很多调查对象也对如何改革做了详细回答。总结起来，主要有以下观点。如在宏观设计层面上，认为事权与支出责任是个事关重大的课题，各级政府间事权与相应的支出责任还存在不清晰、不合理的问题，需要认真研究，尊重实践，稳步推进，尤其是要加强顶层设计，注重统筹协调与其他相关改革的相衔接，注重用法律形式规范事权与支出责任，加快立法或修法，尽快出台试点领域的实施方案，加快推动已有重大政策的落实，加强对政策实施的评估。

而在具体设计层面，对事权划分而言，应按照中央精神理顺政府和市场的关系，更清晰明确政府职权边界，以便中央和地方更好地分权；对支出责任而言，须注重与中央和地方收入的调整相适应，完善税收划分，明确中央与地方的收入。除事权与支出责任的划分外，还须与财政收入的情况相结合。此外，还有些调查对象提出，要充分考虑我国区域发展不平衡的现实，重视地区发展规划差异化政策，对中央政策不搞简单的"一刀切"，在适应我国政治体制的前提下，努力推进事权与支出责任相适应改革，且要注意与行政体制改革的相互推进，不应单独进行，等等。

当然，需要说明的是，在问卷调查中，由于时间跨度有限，样本数量也较少，这一抽样调查未能采用更为精准的实证检验。尽管如此，针对这些结果的数据分析，仍具有一定的代表性，部分说明了目前我国事权与支出责任的现状及存在的问题。今后，随着问卷调查的深入，还会继续利用适当时机，不断增加样本数，以进一步细化和完善这一研究。

四、进一步完善我国中央与地方事权与支出责任划分的机制设计

由是观之，无论是从我国事权与支出责任划分的现状，还是从问卷调查的实证结果分析来看，自从 1994 年分税制以来，改革取得了一定的成效，特别是党的十八大之后，这一改革更加备受重视。2013年中央就提出了事权与支出责任划分改革目标，但经过周密论证，直至 2016 年 8 月才推出具有顶层设计意味的《国务院关于推进中央与地方财政事权和支出责任划分改革的指导意见》，明确了一些相关原则。之后改革步伐明显加快，在 2018 年开启了分领域改革先河，从基本公共服务领域划分开始，印发了《基本公共服务领域中央与地方共同财政事权和支出责任划分改革方案》，列出了清单及基础标准、支出责任划分情况表。这标志着财政事权和支出责任划分改革取

得了重大进展，将由中央与地方共同承担支出责任、涉及人民群众基本生活和发展需要的义务教育、学生资助等基本公共服务事项，列入中央与地方共同财政事权范围。并且，在接下来两年的时间内，先后出台了关于医疗卫生、科技、教育、交通运输、生态环境、自然资源、公共文化、应急救援等领域的财政事权与支出责任划分的改革方案。截至 2020 年，中央层面共出台了 10 项关于财政事权与支出责任的改革方案。可以说，我国在财政事权和支出责任划分改革上取得了一定的阶段性成果。并且，一些省级以下政府也随之出台了相关政策。事权与支出责任划分不清晰的局面正在得到显著改变。

但同时也应该看到，事权与支出责任划分的改革作为整个国家治理体系的重中之重，由于涉及面广、影响深远，需要其他领域改革的相关配套，如政府职能的转变、不断推进法制化等，短期内很难得到全面改善。其改革本身也存在不少亟待突破的瓶颈。如，从改革的进展来看，中央层面改革比预期要延迟推进，规划中的改革任务也并没有全部如期完成，在国防、国家安全、外交、公共安全等领域的事权划分，以及制度层面上的政府间财政关系法的研究起草等。此外，改革方案的可实施性也有待提高，避免以文件落实文件的风险。因此，进一步厘清事权与支出责任的划分不仅迫在眉睫，也是一项复杂的系统性工程，这就意味着这项改革将是一个长期而艰巨的过程。就目前而言，这既是我国建设现代化财税体制的重点和难点，也是国家治理现代化的关键所在，会对其他相关制度改革产生深远的影响。鉴于此，提出以下三点改革思路和具体的机制设计方案。

（一）从理念上厘清政府的职责

从根本上讲，中央与地方事权和支出责任的划分不是一个纯粹的经济问题，而是一个国家治理的问题。要建立权责清晰的中央和地方财政关系，首先，需要界定清楚政府与市场、社会的边界，明确政府转型的方向是逐步向公共服务型政府转变。中央和地方事权的界定具有治理的属性，各级政府和部门承担什么责任，以及相应承担多少支出，责任中有无排他性和合作性，以及怎么样匹配支出责任，大部分国家都是通过立法来解决。回顾历史，我国中央与地方财政关系的基本原则，经历了从"事权与财权相结合"到"财权与事权相匹配"，再到"事权与支出责任相适应"，一步步落实到更科学和理性的层面。今后要形成中央领导、合理授权、依法规范、运转高效的财政事权和支出责任划分的模式。

其次，在处理好政府和市场关系的基础上，按照体现基本公共服务受益范围、兼顾政府职能和行政效率、实现权责利相统一、激励地方政府主动作为等原则，加强与相关领域改革的协同，合理划分各领域中央与地方的财政事权和支出责任。这一点之后还会详细进行分析。

再次，这项改革实际上是各层级政府、权力机关、司法体系职能调整的问题，涉及面广、影响层次深、政治层次高，很多方面还与现行法律的调整有关。这就需要在顶层设计的基础上，做实、做深、做细这项系统性改革工作。逐步推进各项规范、可操作的具体规定和细致划分的改革，成熟一项，推出一项。由此，经过若干年后，在稳定和确定的基础上，形成一套事权和支出责任的划分体系，并随着社会经济的发展而动态调整。

最后，待条件完善后，还是需要按照国家治理现代化的要求，通过制定法律，形成一系列规范统一的法律规章来予以保障。党的十八届四中全会通过的《中共中央关于全面推进依法治国若干重大问题的决定》中就明确提出，"推进各级政府事权规范化、法律化，完善不同层级政府特别是中央和地方政府事权法律制度"。由此可见，政府事权与支出责任的划分本质上是一个国家治理的问题。而推进各级政府事权和支出责任的规范化、法律化，是推进国家治理体系和治理能力现代化的必然选择。

（二）合理配置中央与地方政府事权

一般而言，事权划分改革有两种思路，一是借鉴西方联邦制国家事权划分的经验，将中央和地方政府的事权按照项目归属原则进行划分，权利和责任具有一定的对等性。即，有的项目归地方，则无论决策权和执行权都在地方政府。不过，这对如何保持中央的统一领导提出挑战，且对地方政府在独立性上的要求也比较高。二是按照事权的各个要素进行划分，如决策权、执行权、监督权等。从而，同一事权可以归属不同层级的政府。但这样一来，对权责的划分要求也更高。

从我国目前的事权划分来看，是两种思路兼而有之，有的按照项目来划分，但其中又包含第二种要素的划分方式，特别是中央与地方共同的财政事权和支出责任，不过在实际操作中，这种情况因为涉及更多事权要素、实施条件以及政府责任等，比较复杂，会出现一些划分不清晰的问题。因此，从顶层设计上应予以进一步确定，明确中央与地方政府各自的事权，明晰各级政府事权配置的着力点，适度加强中央事权，有效保证地方事权。由此，也意味着减少政府不合理的事权，这是进一步科学划分事权与支出责任的前提。同时，事权划分改革也应该与其他改革事项统筹考虑，同步进行。且无论采取哪一种方式，都要满足前面分析过的三个基本原则，即外部性原则、信息复杂性原则和激励相容原则，尤其是激励相容问题，以此充分发挥财政在国家治理中的积极作用。具体来看，可以从以下四个方面着手。

第一，将涉及宏观经济稳定和全国统一市场的事务，如，反垄断、国家标准制定、知识产权保护，以及国家安全和外交；再如，全国性重大传染病防治、战略性自然资源使用和保护、跨区域重大项目建设维护等事务，明确为中央事权，将原来在地方承担这部分事务的机构和人员相应划为中央所属，由中央承担相应支出责任，并适度加强中央事权和支出责任。对确定需要委托或授权地方行使的中央事权，报批相关部门后，依据相应法律法规委托或授权地方行使，并接受委托方监督。

第二，将地方政府易于把握情况，对区域外影响较小，受益范围地域性强的事务，如，与当地居民密切相关的公共品和公共服务供给等，明确为地方事务，并由地方承担相应支出责任。充分调动和发挥各级地方政府的积极性，加强地方政府的公共服务和社会管理等职责，更好地满足区域性公共需求。中央还可以通过法律制度对地方事权的履行提出规范性要求，并不得通过行政权力干预事权的履行。当然，地方事权的行使也不得损害国家政治、经济和社会的稳定。

第三，合理规范和明确中央与地方的共同事权，并说明具体的支出责任。由于我国幅员辽阔、各地区发展不均衡，很多事权还需要中央和地方共同承担。而共同事权很容易出现职责不清、推诿卸责的问题。因此，科学划分共同事权的权责边界与支出责任就至关重要。这就需要在共同的事权基础上，分解细化各级政府所承担的职责。如果共同事权中，中央和地方管理和服务的对象并不重合，如科技研发、公共文化等财政事权，中央和地方有各自机构承担相应职责，公共投入各有侧重并不重合，并各自承担相应支出责任，则权责边界相对容易划分。

而在更多的共同事权中，中央与地方管理和服务的领域对象重合，则需要从信息不对称的角度来考虑，如果这一共同事权有较强的地域管理信息，但具有较强外部性，则地方政府更接近服务对象，更了解基本情况，相对中央政府有明显的信息优势。对此，可以由中央负责制定标准、出台规划、监督管理，由地方负责和具体实施；中央与地方按比例承担支出责任，比例的大小则需要根据财政事权、基本公共服务属性轻重、受益范围外溢程度、是否激励相容等而定，或再通过转移支付等方式，由中央承担一定的支出责任，实现事权、支出责任与财力相统一。而这些共同事权主要包括义务教育、高等教育、基本医疗和公共卫生、科技研发、食品安全监督管理、跨省重大基础建设项目、环保项目等。当然，具体到某一项共同事权，还应结合实际细化考虑。

第四，进一步细化事权相关改革方案，协同推进财税体制改革和行政管理体制改革，以增强改革方案的可实施性，并逐步建立起事权划分的动态调整机制。根据客观条件的变化，对事权进行动态调整，特别是一些新增领域的事权划分，要根据其性质、适用原则等，统筹协调，在市场和社会、中央与地方之间进行合理划分。长远来看，从多个维度来明确对事权的划分，并配合以相应的支出责任，形成一套对事权和支出责任的立体划分格局。最终，通过进一步完善中央与地方事权划分的法律制度，建立起事权和支出责任相适应的制度。

（三）明确中央与地方的支出责任

要增强改革的联动性，在推动财政事权改革的同时，还要加强支出责任和财力的协同建设。理论上，任何财政事权的履行，都要有相对稳定且可预期的财力支持。因此，建立起财力协调和区域均衡的中央和地方财政关系，形成中央与地方合理的财力格局，才能为各级政府履行财政事权和支出责任提供有力保障。这就需要加快进行相关领域的财税体制改革，形成配套联动机制。具体分析如下：

第一，理顺中央与地方政府的收入划分，加快推进税制改革，完善地方收入体系。在保持中央和地方财力格局总体稳定的前提下，科学确定共享税中央和地方分享方式及比例，适当增加地方税种。比如，允许地方根据实际情况，在得到中央的认可下开征市政债券等。在 2020 年最新修订的《中华人民共和国预算法实施条例》中，对地方政府债务管理有了更为明确的规定，包括：国务院可以将举借的外国政府和国际经济组织贷款转贷给省、自治区、直辖市政府，省、自治区、直辖市政府可以将国务院转贷的外国政府和国际经济组织贷款再转贷给下级政府。下级政府应当将转贷债务纳入本级预算管理，负有直接偿还责任的政府应当将转贷债务列入本级预算调整方案，报本级人大常委会批准，等等。这些都有利于加强地方政府债务管理和风险防范。

第二，加快进行转移支付制度的改革。继续优化转移支付制度，扩大一般性转移支付规模，建立健全专项转移支付定期评估和退出机制。国际经验表明，在成熟的联邦制市场经济国家中，如美国、澳大利亚、加拿大等，政府间事权与支出责任配置一般以地方政府为主体，收入划分则以中央或联邦政府为主体，所形成的政府间纵向财政不平衡，依靠一般性转移支付来解决。这和我国目前的财政收支状况较为相似，可以借鉴学习，如完善中央一般性转移支付制度建设，优化转移支付结构等。当然，因体制差异，还需根据实际情况，结合相关经验，如建立与健全省以下转移支付制度，以此保障地方支出责任的顺利实施，等等。

第三，着力增强财政困难地区兜底能力，稳步提升区域间基本公共服务均等化水平。合理制定基本公共服务保障基础标准，并适时调整完善。根据东、中、西部地区财力差异状况、各项基本公共服务的属性，规范基本公共服务共同财政事权的支出责任分担方式。按照坚决兜住底线的要求，及时调整完善中央对地方一般性转移支付办法，提升转移支付促进基本公共服务均等化效果。在科学界定各级财政事权和支出责任的基础上，形成中央与地方合理的财力格局。同时，充分考虑地区间支出成本因素，将常住人口人均财政支出差异控制在合理区间，加快推进基本公共服务均等化。

当然，由于事权与支出责任的改革涉及面广、影响深远，还需要其他领域改革的相关配套，如政府职能的转变、不断推进法治化等，短期内其实很难全面改善。而这也意味着事权与支出责任改革任重道远，需要一步步扎实推进。

第五章

国家治理视角下我国一般性转移支付的实证研究

在中央和地方财政关系改革中，转移支付是现代市场经济国家普遍采用的一种制度，从国家治理角度来看，它也是国家治理现代化以及现代财政体制最为重要的组成部分之一。我国幅员辽阔，地区差异大，发展极不平衡，东、中、西部地区间财力差异大，由此带来客观上的财政不均衡。其中，既存在纵向不均衡，即，由于上下级政府间事权和支出责任划分的不匹配，造成的财政收入能力和支出需求的不对称；也有横向不均衡，即，由于各地区财政能力收入和支出需求的差异，从而造成地区间公共服务水平的不均衡。实施转移支付制度的初衷就是从富裕地区多收一些，补给落后地区，从而缩小地区间的财力差异，推进基本公共服务均等化。

目前，我国的转移支付主要分为两种，一种是一般性转移支付，主要指中央财政以均等化为目标，以标准财政收支差为依据对省（自治区、直辖市）拨付的转移支付。由于一般性转移支付不规定具体用途，由接受拨款的政府自主安排使用，被认为是最规范的无条件转移支付，能够发挥地方政府更具地方信息优势的特点，更好地了解居民公共服务需求，从而有利于因地制宜、统筹安排和落实管理责任，缓解地方财政运行中的突出矛盾和解决一些财政困难。并且，其内在的熨平机制也有利于均等化财政，促进区域协调发展，最能反映作为有效财政政策工具的功能性。可以说，一般性转移支付是转移支付的主体，也是事权与支出责任改革的重要组成部分，对我国中央与地方财政关系改革意义重大。因此，有必要单独对其进行研讨。

另一种是专项转移支付，是指中央政府对承担委托事务、共同事务的地方政府，以及对应由下级政府承担的事务，给予的具有指定用途的奖励或补助。主要用于教育、社会保障、农业等方面，它充分体现了中央政策的意图，用以发挥宏观调控的作用，其资金分配也考虑到了地区间的财力差异，且以中西部地区为主。而地方则应确保专项转移支付落实到位，保障中央决策部署的有效落实。

需要说明的是，还有一种共同财政事权转移支付，它也有明确的针对性和指向性，中央通过共同财政事权转移支付履行特定领域中央承担的支出责任，地方则应安排足够经费履行相关领域地方应承担的支出责任。之前它一直属于专项转移支付，从 2018 年起，共同财政事权转移支付被纳入了一般性转移支付，这也是在转移支付领域的一项重要改革，以集中反映共同财政事权的支出责任，进一步加强共同财政事权的经费保障。

一、我国一般性转移支付的实施情况

（一）一般性转移支付发展的四个阶段

我国一般性转移支付起步较晚，发展速度却不慢，经历了四个重要阶段。首先，就是转移支付的萌芽起步阶段。从严格意义上讲，我国的一般性转移支付是从 1995 年起才开始实施，相比其他财政体制，较晚启动。而且，当时也仅仅是作为分税制改革的配套措施，被称为"过渡期转移支付"。1999 年增加了"调整工资转移支付"项目，2000年又增加"民族地区转移支付"和"农村税费改革转移支付"等。从2002 年起，更名为"一般性转移支付"，而原来的"一般性转移支付"

则改称为"财力性转移支付"。虽然本意上一般性转移支付的目标是减少地区财力差距的扩大，逐步实现地方基本公共服务的均等化，但由于受到客观条件的制约，那段时期的一般性转移支付仍以缓解财政困难地区财政运行中的矛盾为主，并未发挥一般性转移支付应有的作用。

其次，到了转移支付的发展阶段。从2003年到2007年，我国的一般性转移支付进入了逐步壮大发展阶段，2005年又增加了"县乡补奖转移支付（包括'三奖一补'、县乡财政奖励资金）"等项目。但在财政部官网上查询期间的"中央财政预算及决算表"中，仅有"对地方税收返还和转移支付（补助支出）"这一项数据，还并未列出其下详细的科目及相关数据。直到2008年，才开始有了更为详尽的"中央对地方税收返还和转移支付预算及决算表"，并增加了"重点生态功能区转移支付"等项目。

再次，到了转移支付的规范阶段。从2009年开始，我国的一般性转移支付走向了进一步的规范化。当时中央明确将转移支付简化为两类：一般性转移支付和专项转移支付。其中，一般性转移支付是中央政府对有财力缺口的地方政府，按规定的办法给予的补助，包括了原财力性转移支付（将补助数额相对稳定、原列入专项转移支付的教育、社会保障和就业、公共安全、一般公共服务等支出，改为一般性转移支付；而原来的一般性转移支付改为均衡性转移支付）、均衡性转移支付、民族地区转移支付①、农村税费改革转移支付、调整工资转移支付、义务教育转移支付等，并增加了成品油税费改革转移支付等，用于调节地区间的财力差距，地方政府可以按照相关规定统筹安排和使用，逐渐开始发挥一般性转移支付的真正作用。

其中值得一提的是均衡性转移支付，它是一般性转移支付的重要组成部分，其设立目标就是缩小地区间财力差异，逐步实现基本公共服务

---

①　从2012年起，科目名称根据内容变化，进一步变更为"革命老区、民族地区和边境地区转移支付"。

均等化。均衡性转移支付资金的分配主要是根据规范和公正的原则，选取影响各地财政收支的客观因素，考虑地区间支出成本差异、收入努力程度以及财政困难程度等，按统一公式计算确定①。而其实早在 2002 年，国务院就明确了中央因所得税改革而集中的收入全部用于对地方（主要是中西部地区）的均衡性转移支付，从而建立了均衡性转移支付的稳定增长机制，也为之后不断健全和完善一般性转移支付提供了保障。

最后，党的十八大以来，一般性转移支付进入了完善阶段。特别是从 2018 年起，为进一步完善中央对地方转移支付制度，财政部对 50 多项中央对地方转移支付资金管理办法进行了修订，优化了分配因素和权重，调整细化了补助标准等。并且，按照中央与地方财政事权和支出责任划分改革要求，将一般性转移支付、专项转移支付中属于基本公共服务领域的中央与地方共同财政事权的项目归并，简化分配因素，设立了"共同财政事权转移支付"，并列入一般性转移支付，集中反映中央承担的共同财政事权支出责任，避免支出责任下沉的情况，逐渐增强地方基本公共服务的保障能力。从本质上看，这一变化也反映出，共同财政事权从强调财政资金用途到注重主体权责分担的转变。同时，还将中央对地方税收返还与一般性转移支付中的固定数额补助合并，不再单独列示。可见，一般性转移支付改革迈出了坚实的一步。

（二）一般性转移支付的整体趋势分析

为了更清楚地把握中央一般性转移支付的实施情况，本书收集整理并计算了 1995～2017 年中央对地方一般性和专项转移支付的数据及其占比，如图 5-1 所示，并列出了 2008～2017 年中央对地方一般性转移支付的主要科目内容，如表 5-1 所示，以此来进行进一步的深入分析。

---

① 其中，标准收入主要考虑工业增加值、企业利润等指标，并反映各地的收入努力程度；标准支出主要根据总人口（在户籍人口的基础上，适当考虑常住人口数），以及海拔、面积、温度、少数民族比重等体现支出成本差异的客观因素测算。凡标准财政收入大于或等于标准财政支出的地区，不纳入一般性转移支付范围。

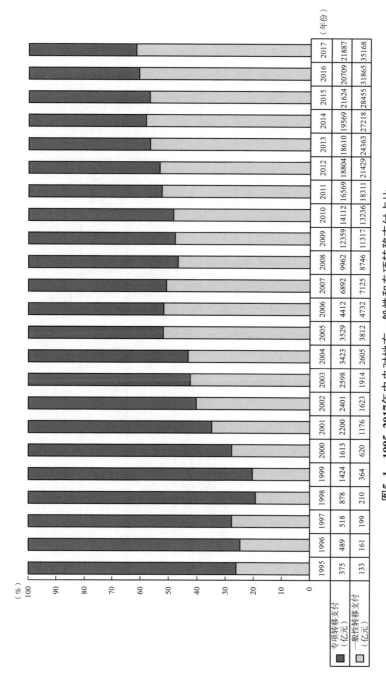

图5-1 1995~2017年中央对地方一般性和专项转移支付占比

资料来源：根据Wind数据库和财政部官网数据整理而得。

	1995	1996	1997	1998	1999	2000	2001	2002	2003	2004	2005	2006	2007	2008	2009	2010	2011	2012	2013	2014	2015	2016	2017
专项转移支付（亿元）	375	489	518	878	1424	1613	2200	2401	2598	3423	3529	4412	6892	9962	12359	14112	16569	18804	18610	19569	21624	20709	21887
一般性转移支付（亿元）	133	161	199	210	364	620	1176	1623	1914	2605	3812	4732	7125	8746	11317	13236	18311	21429	24363	27218	28455	31865	35168

表5-1　2008~2017年中央对地方一般性转移支付的主要科目内容

单位：亿元

科目	2008年	2009年	2010年	2011年	2012年	2013年	2014年	2015年	2016年	2017年
中央一般性转移支付	8746.21	11317.2	13235.66	18311.34	21429.51	24533.8	27217.87	28455.02	31864.93	35167.9
均衡性转移支付	3510.51	3918	4759.79	7487.67	8582.62	9812.01	10807.81	18471.96	20709.97	22400.8
重点生态功能区转移支付				300	371	423	480	509	570	627
产粮大县奖励资金				232.81	267.62	318.01	349.81	370.73	392.77	416.15
县级基本财力保障机制奖补金	438.18	547.79	682.53	775	1075	1525	1678	1778	2045	2238.9
老少边穷地区转移支付	275.79	275.88	330	370	559.3	621.8	695.22	1256.95	1539.91	1842.9
调整工资转移支付	2451.24	2357.6	2375.68	2647	2361.55					
农村税费改革转移支付	762.54	769.47	769.46	769.46	752.6					
资源枯竭城市财力性转移支付	25	50	75	135	160	168	178	178	186.9	192.9
工商部门征两费转移支付	47	80	80	80	80					
成品油税费改革转移支付			350	581	610	690	740	770	770	693.04
固定数额补助						4097.25	4083.24			
体制结算补助					1191.58	964.78	1449.58	993.64	1064.27	1413.56
定额补助（原体制补助）	136.14	138.14	140.14	145.14						
企事业单位划转补助	331.57	347.87	350.23	350.98						

续表

科目	2008年	2009年	2010年	2011年	2012年	2013年	2014年	2015年	2016年	2017年
结算财力补助	348.88	369.22	435.35	523.1						
村级公益事业奖补等转移支付		10		184.71	245.63					
基层公检法司转移支付				421.49	466.74	418.59	431.3	434.05	442.84	446.28
一般公共服务转移支付		23.93	24.47							
公共安全转移支付	269.36	329.84	362.52							
义务教育等转移支付		893.56	947.59	1085	1593.25	1564.88	1718.7	1232.82	1344.62	1426.26
基本养老金和低保等转移支付				2750.98	3762.93	4288.38	4856.9	4405.18	4974.7	5858.8
城乡居民医疗保险等转移支付						1643.76	1933.92	2123.24	2363.24	2512.57
新型农村合作医疗等转移支付				779.81	1063.3					
农村综合改革转移支付						264.35	323.2			
社会保障和就业转移支付		1201.83	1429.22							
医疗卫生转移支付		4.07	16.28							
农林水转移支付			107.4							

注：除2017年为预算执行数外，表中数据均为决算数，空格表示无数据。由于每年支付项目不同，有些科目进行了合并整理，如革命老区转移支付，少数民族地区转移支付合并为老少边穷地区转移支付等。

资料来源：财政部官网2008～2017年"中央对地方税收返还和转移支付预决算表"。

此外，由于 2018 年之后的一般性转移支付数据与之前的不具有可比性，故将这三年的数据单独列出分析。2018～2020 年中央对地方一般性和专项转移支付占比如图 5－2 所示，2018～2020 年中央对地方一般性转移支付的主要科目内容如表 5－2 所示。

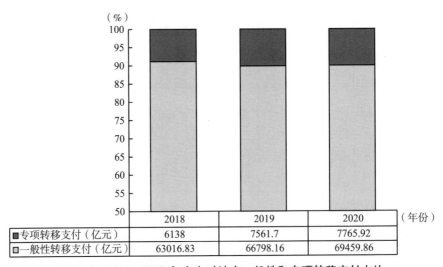

图 5－2　2018～2020 年中央对地方一般性和专项转移支付占比

资料来源：根据财政部官网中"各年度中央对地方转移支付决算表"整理而得。

表 5－2　　2018～2020 年中央对地方一般性转移支付的主要科目内容

单位：亿元

科目	2018 年	2019 年	2020 年
一般性转移支付	63016.83	66798.16	69459.86
均衡性转移支付	14095	15632	17192
重点生态功能区转移支付	721	811	794.5
县级基本财力保障机制奖补资金	2462.79	2709	2979
老少边穷地区转移支付	217.46	2488.4	2790.92
产粮大县奖励资金	426.4	447.86	464.81
生猪（牛羊）调出大县奖励资金	29.96	36.9	36.88

续表

科目	2018 年	2019 年	2020 年
共同财政事权转移支付	29745.81	31902.99	32180.72
中央政法纪检监察转移支付资金	484.86	507.77	528.34
监狱和强制隔离戒毒补助资金	54.75	51.75	51.75
城乡义务教育补助经费	1488.99	1565.3	1695.9
学生资助补助经费	457.74	504.36	567.77
支持学前教育发展资金	149	168.5	188.4
义务教育薄弱环节改善与能力提升补助资金	360.5	293.5	293.5
改善普通高中学校办学条件补助资金	49.5	54.2	59.2
中小学幼儿园教师国家级培训计划资金	19.85	19.85	21.84
现代职业教育质量提升计划资金	187.3	237.21	257.11
特殊教育补助资金	4.1	4.1	4.1
支持地方高校改革发展资金	367.32	367.32	366.75
中央引导地方科技发展资金	12.65	19.85	19.85
中央支持地方公共文化服务体系建设补助资金	128.99	147.1	152
国家文物保护资金	53.32	56.14	59
非物质文化遗产保护资金	7.24	7.24	7.24
就业补助资金	468.78	538.78	538.78
基本养老金转移支付	6664.41	7303.79	7885.06
困难群众救助补助资金	1396.34	1466.97	1483.97
中央自然灾害救灾资金	97.71	117.27	132.2
残疾人事业发展补助资金	13.8	14.4	14.4
优抚对象补助经费	439.34	474.28	493.27
退役安置补助经费	453.76	524.73	623.93
军队转业干部补助经费	272.84	422.6	457.41
城乡居民基本医疗保险补助	3114.87	3327.38	3467.58
医疗救助补助资金	261.11	271.01	286.09
基本公共卫生服务补助资金	516.15	559.24	603.3

续表

科目	2018 年	2019 年	2020 年
基本药物制度补助资金	90.95	90.96	90.96
计划生育转移支付资金	107.19	117.52	124.96
医疗服务与保障能力提升补助资金	200.65	283.45	299.78
优抚对象医疗保障经费	23.71	23.71	23.71
节能减排补助资金	518.96	520.05	432.23
林业草原生态保护恢复资金	449.03	408.84	470.24
农业生产和水利救灾资金	51.58	63.01	59
林业改革发展资金	489.74	502.8	536.17
农业保险保费补贴	172.21	225.73	257.29
农业生产发展资金	1926.78	1963.3	1846.38
目标价格补贴	625.03	671.97	771.73
水利发展资金	522.33	546.94	556.8
动物防疫等补助经费	67.56	68.27	68.26
农田建设补助资金	666.95	671.07	682.8
农业资源及生态保护补助资金	209.55	241.35	418.59
大中型水库移民后期扶持资金	78.4	78.4	78.4
粮食风险基金	179.81	179.81	179.81
车辆购置税收入补助地方资金	3006.43	3401.38	3015.41
城市公交车成品油补贴	159.96	123.62	15.24
政府还贷二级公路取消收费后补助资金	296.09	300	260
渔业发展与船舶报废拆解更新补助资金	78.14	80.5	74.93
成品油税费改革转移支付	693.04	693.04	693.04
电信普遍服务补助资金	33.94	32.32	22.79
海洋生态保护修复资金	20.61	30	35
中央财政城镇保障性安居工程补助资金	1274.81	1251.16	706.98
农村危房改造补助资金	264.44	298.5	184.5
重要物资储备贴息资金	2.95	2.34	2.01

续表

科目	2018 年	2019 年	2020 年
外国政府和国际金融组织赠款及统还贷款项目	9.75	8.31	14.97
税收返还及固定补助	11672.22	11251.78	11275.64
体制结算补助	1500.29	1305.33	1522.49

注：除 2018 年为执行数，并进行了同口径调整外，表中其余数据均为决算数。
资料来源：财政部官网 2018～2020 年 "中央对地方转移支付预决算表"。

从以上图表可知，在过渡期转移支付阶段，我国一般性转移支付在整个转移支付的比重还是比较低，徘徊在 20%～30%，且时涨时落，没有规律性可言。1999 年之后，这一比重开始稳步上升，且年均增长幅度在 8% 左右。到 2003～2007 年的发展阶段，一般性转移支付的占比又得到了进一步的提升，稳定在 40% 以上。2009 年，中央规范了转移支付制度之后，一般性转移支付占比进入了一个新的企稳回升阶段。2012 年之后，这一比例已稳定在 50% 以上，后又上升至 60%。而 2018～2020 年，一般性转移支付发生了更为显著的变化，所占比例保持在 90% 左右，已然成为转移支付的主体。这些显而易见的变化均说明，这些年来，我国的一般性转移支付改革方向一直没有变，随着其成为转移支付的主体，正发挥着越来越重要的作用。

（三）一般性转移支付的结构分析

首先，从一般性转移支付的内部结构看，如图 5-3 "2008～2017 年一般性转移支付中主要项目的变化情况" 所示，均衡性转移支付无疑是那一阶段的重点领域，年均增长幅度接近 20%。尤其是2015 年以来，均衡性转移支付已然成为一般性转移支付的主体。这与我国良好的经济发展态势密切相关，其中，也和纳入中央和地方共享范围的企业和个人所得税增加较多有关。根据财政稳定增长机制的规定，均衡性转移支付因此得到了相应的增长。此外，一般性转移支付结构也在不断完善中，如从 2012 年起，将定额补助（原体制补助）、企事业党委划转补助、结算财力补助等合并为体制结算补助。2015 年又取消了固定数额补助等。均衡性转移支付所包含的项目也随之发生了一些变化，资源枯竭城市转移支付、城乡义务教育补助经费、农村综合改革转移支付等均加入均衡性转移支付中。而一般性转移支付的主要项目规范为：均衡性转移支付、老少边穷转移支付、成品油税费改革转移支付、体制结算补助、基层公检法司转移支付、基本养老金转移支付和城乡居民医疗保险转移支付等。

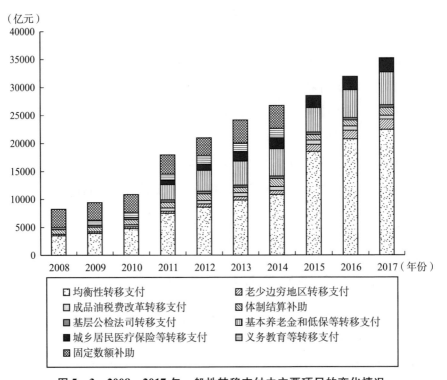

图 5 – 3　2008～2017 年一般性转移支付中主要项目的变化情况

资料来源：根据财政部官网中"各年度中央对地方税收返还和转移支付决算表"整理而得。

2018～2020 年，一般性转移支付结构更是发生了实质性的变化，如图 5 - 4 "2018～2020 年一般性转移支付中主要项目的变化情况"所示。虽然和之前的一般性转移支付类似，都有近 10 个项目，但具体内容发生了变化，其中有些不变的项目，如"均衡性转移支付""老少边穷地区转移支付"等。同时，根据职能调整，对很多分项都进行了拆分或合并，如列入了"资源枯竭城市转移支付""生猪（牛羊）调出大县奖励资金"等。而最为显著的就是新增了"共同财政事权转移支付"这一大类，这也是按照党的十九大报告提出的"建立权责清晰、财力协调、区域均衡的中央和地方财政关系"要求，结合我国各个地区发展不平衡不充分的现状，以及中央与地方共同财政事权较多的实际情况，在转移支付上进行的相应调整。考虑到我国各地人均一般公共预算收入在区域间分布严重不平衡，以财政事权为基础，

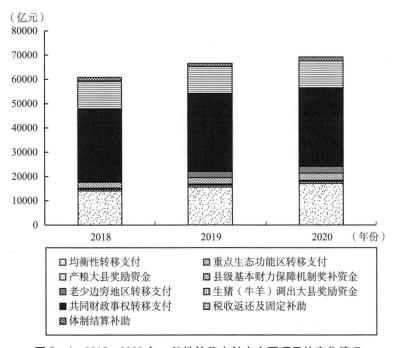

图 5 - 4　2018～2020 年一般性转移支付中主要项目的变化情况

资料来源：根据财政部官网中"各年度中央对地方转移支付决算表"整理而得。

形成共同负担机制，对具体共同财政事权事项可分地区实行差异化区分，弥补均衡性转移支付计算方式上的不足。将原转移支付中属于共同财政事权的项目整合设立共同财政事权转移支付，暂列入一般性转移支付，以集中反映中央承担的共同财政事权的支出责任，进一步加强共同财政事权的经费保障。由此，可以更有利于基本公共服务的均等化。同时，将中央对地方税收返还与固定数额补助合并，列入一般性转移支付。

具体而言，这一项目共包含了 54 个细化项目，涵盖了教育、公共卫生、文化、医疗、环保、农业以及交通等各个方面的公共服务，包括城乡义务教育补助经费、学生资助补助经费、就业补助资金、困难群众救助补助资金、基本公共卫生服务补助资金、城镇保障性安居工程资金等。主要是为了配合财政事权和支出责任划分的改革，用于履行中央承担的共同财政事权的支出责任，保障地方落实相关政策所需的财力，提高地方履行共同财政事权的能力。从设立起，共同财政事权转移支付占转移支付总额就超过 50%。从而使得"共同财政事权转移支付"超过"均衡性转移支付"，成为一般性转移支付最大的占比项目。从这一变化可以推断，其将在均等化地方基本公共服务上发挥更为重要的作用，也会促使其逐渐回归一般性转移支付的本义。

其次，从均衡性转移支付的内部结构来看，公开数据显示 2008～2010 年并未细分其中的科目，从 2011 年开始，才列出其中三个最为主要的科目。因此，本书选择了之后三个年份，分别为 2011 年、2014 年和 2017 年，每隔三年进行纵向比较，如图 5－5 所示。从其中的明细科目可知，这些年来，均衡性转移支付除了未列出的科目外，主要用于对重点生态功能区、产粮大县等的支持。其中"县级基本财力保障机制奖补资金"一直占据主要部分，这体现出中央财政不断加大对建立县级基本财力保障机制的支持力度，有利于进一步引导地方完善省以下财政体制，为基层政府的职工工资发放、机构正常运转提供了财力保障。在 2015 年之后，又将"资源枯竭城市转移支付""城乡义务教育补助经费""农村综合改革转移支付"等科目明确列入均衡性转移支付中，更加凸显了均衡性转移支付的题中应有之义。这对进一步完善一般性转移支付结构，更好地发挥其推进基本公共服务均等化等方面发挥了重要的作用。而 2018～2020 年的均衡性转移支付项目，则没有再进行细化，而是将其中很多项目划入了"共同财政事权转移支付"中，如义务教育、医疗、养老等方面。由此可见，在不断完善"共同财政事权转移支付"的过程中，均衡性转移支付的比例将会逐渐下降。但之后可能会企稳，并充分发挥其应有的均衡作用，合理调节各地区间财力差异，不断推进基本公共服务均等化。

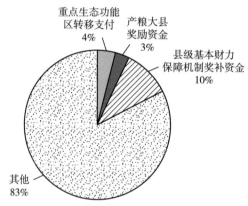

（a）2011年均衡性转移支付主要项目构成比例

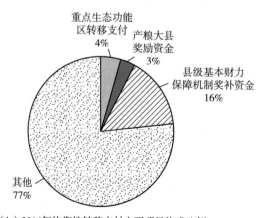

（b）2014年均衡性转移支付主要项目构成比例

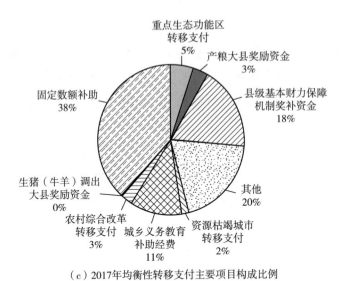

（c）2017年均衡性转移支付主要项目构成比例

图 5 - 5　近年来中央对地方均衡性转移支付主要项目构成比例比较

注：图（c）中"生猪（牛羊）调出大县奖励资金"由于数额较少，因此占比计算接近0%。

资料来源：根据财政部官网中"各年度中央对地方税收返还和转移支付决算表"整理而得。

　　再次，将2008~2017年一般性转移支付的内容进行排序，均衡性转移支付无疑占得首位，其他分别为固定数额补助、县乡基本财力保障机制奖补资金、基本养老和低保等转移支付、义务教育、体制结算、农村综合改革等。这些项目加总起来，占到一般性转移支付的比重超过80%。其中，自2012年起，将定额补助（原体制补助）、企事业单位划转补助、结算财力补助合并为体制补助，并将西部地区基层政权建设补助资金由其他专项转移支付调整列入体制补助。这些年该项目增加较快，也是因为我国近年来频发自然灾害事件，为支持救灾和灾后重建，落实国家区域发展规划，国家加大了对这些地方的综合财力补助额。2020年以来，更是不断尽量简化结算程序，加快各级对下结算事项的批复，以应对突如其来的新冠肺炎疫情防控和错综复杂的国内外形势。此外，2011年之后，"基本养老金和低保""城乡居民医疗保险"等转移支付也是年年增长，究其原因在于国家增加了对新型农村社会养老保险和城镇居民社会养老保险补助，且其试点范围不断扩大，企业退休人员养老金水平和城乡最低生活保障标准等在不断提高，相应增加了补助经费。

最后，分析一般性转移支付中的一些具体项目。如"老少边穷地区转移支付"一直以来都呈现逐年增长的态势，而该项目的预算主要是根据前三年全国国内增值税收入的平均增长率测算，近年来几乎年年满额或超额完成预算。即使是在 2009 年受到增值税转型减收和国际金融危机等因素影响的情况下，中央财政也极力保障民族地区的财力不受影响，按照上年的数额进行补助。特别在是 2012 年合并革命老区、边境地区这两项专项转移支付后，中央财政更是加大了对这些地区的民生事务等方面的支持力度，这对有效缓解这三类地区在财政运行中的突出矛盾提供了保障。同时，也在客观上促进了区域间的协调发展和社会和谐。

二、我国一般性转移支付中存在的问题及原因分析

由此可见，这几年我国一般性转移支付的情况较为复杂。从趋势上来看，其资金总额在不断增长，结构也在逐步优化中，越发偏向与民生有关的项目。如 2014 年开始设立的"农村综合改革转移支付"，就是主要支持建制镇开展新型城镇化试点、村级公益事业"一事一议"、农村人居环境改善、农村综合改革示范试点等方面，且 2015 年这一项目还被归入均衡性转移支付，这更加突显了一般性转移支付在均等化基本公共服务水平上的作用。以及 2018 年，为适应最新的中央与地方财政事权和支出责任划分改革方案，在一般性转移支付中新增了"共同财政事权转移支付"项目等。这些都反映了我国一般

性转移支付的改革步伐从未停止。不过，总体看来，目前一般性转移支付存在的问题仍不少，概括起来有以下四个方面。

（一）科目内容及名称的设置

中央一般性转移支付的种类繁多，尽管近年来设置的科目年年都有变化，但基本都保持在 10 项左右，并且科目名称不甚清晰，除了真正具有均衡化功能的均衡性转移支付外，还包括了诸如县级基本财力保障机制奖补资金、固定数额补助等内容。这些转移支付显然都是用于专门事项，与一般性转移支付的性质并不符合。还有些科目名称甚至就和专项转移支付中的科目一样，如前几年的"社会保障和就业转移支付""一般公共服务"等。这就使得其内容和专项转移支付存在明显的重复之处，容易造成理解和实践中的混乱，会出现一般性转移支付的专项化、专项化转移支付碎片化的现象明显。

再比如，前几年的一般性转移支付中还包括了原体制补助和结算补助，且规模还呈现不断增加的态势。而这两项内容原本就是财政承包体制下的中央政府对基本支出基数大于收入的省份给予的固定金额补助，分税制改革后其不仅没有消失，反而成为一般性转移支付的构成部分。虽然其同均衡性转移支付的意义，旨在增加财力匮乏省份收入，但与现行财政体制不相匹配，容易产生混淆。

此外，在一般性转移支付中，还含有大量的和专项转移支付相似的事权安排，承载了上级政府委托地方政府执行的共同事权的支出责任，如：基层公检法司转移支付、城乡居民医疗保险转移支付等，这样容易降低一般性转移支付消除地方事权外溢性的作用，造成转移支付制度中事权与支出责任划分体系混乱、资金功能与定位模糊等。当然，近年来新设立的"共同财政事权转移支付"是一大进步，有利于厘清共同财政事权的转移支付资金安排，以保证共同事权得到稳定的资金支持，规定相应的责任执行等。

（二）资金规模和计算方法

虽然从成立伊始的一般性转移支付规模一直在相对扩大，但从绝对数来看，总体上仍然偏小，尤其和同时期的专项转移支付相比，直到 2005 年才超过其规模。在调整了共同财政事权转移支付，将其纳入一般性转移支付后，并且考虑到很多项目还履行了专项转移支付的功能，真正能为地方政府所自主使用的一般性转移支付其实并不多。即便是近几年来占比最高的均衡性转移支付也还不及专项转移支付的规模。在实际中，这会极大弱化其在均等化地方财力差距的效果，难以发挥调节地区差距的作用。

此外，在计算方法上，目前转移支付所依据的标准收入和支出的测算公式，及相应的决策程序还不够公开透明，存在不尽合理之处。比如，有些因素的衡量方法不统一，对"标准公用经费""标准财政供养人口"及"收入努力程度"采用了多元回归法，而标准专项支出的部分项目则以实际数为标准。因此，在因素选择和权重分配上还有待于进一步调整和完善。

（三）资金配置效率

除了均衡性转移支付，一般性转移支付的大多数项目，虽然也考虑到地方政府间财力差异，但不是按照一般公式来进行分配，存在不少讨价还价的余地，而且大部分子项目对资金有指定用途，其均衡性财力效果不佳。并且，按现行财政体制安排，一般性转移支付仅在中央与省级政府间进行划分，属于纵向性转移支付，而省以下转移支付的分配都由省级政府在中央指导下，结合本地实际情况确定，这就容易造成资金配置权的集中。事实上，这些转移支付到底是直接划拨到省级政府，还是地方政府，抑或是县级政府，应该从资金使用的效率上判断，即以到哪一级政府更为有效为标准。

然而，从实际情况来看，我国省以下的转移支付制度的建设还十分滞后，加上受到多种因素的影响，部分县级财政财力水平较低，无法满足基本支出需求，甚至出现财政困难。同时，我国的横向转移支付也还十分欠缺，难以形成纵横交错的转移支付格局，在调整地区财力失衡上显得尤为不足，难以实现地区间基本公共服务均等化的目的。

需要特别说明的是，在 2020 年受到新冠肺炎疫情冲击时，我国一些地方基层财政出现了困难，当时为了应对这种情况，中央采取了直达基层的转移支付，这种财政资金直达机制惠企利民，取得了不错的成效。2021 年，直达机制进一步常态化，并逐步上升为制度性安排。这种新型转移支付的形式，直达基层政府，也使其权力更大，责任自然也就更重。这既是一种宏观调控机制的创新，也是对转移支付制度设计的一种挑战。今后还需处理好资金直达机制常态化与事权和支出责任的关系，进一步完善相关财税体制和国家治理体系。

（四）资金使用绩效

此外，目前一般性转移支付对地区财力差距缩小的作用还较为有限，对均等化基本公共服务效果也不甚明显。前者从这几年我国地区差距的不断扩大就可见一斑，很多实证研究的结论也都表明，20 世纪 90 年代末期开始实施的转移支付不仅没能平衡地区间差距，反而进一步拉大了地区差距，尤其是中西部地区内部之间财力水平的差异，不仅没有缩小，反而在增加，这说明一般性转移支付的横向效果并不显著。后者则从其资金的使用偏重于解决地区间财政困难可知，真正用于民生公共服务的支出并不多，且关于公共服务均等化的标准也还需要进一步明确。

三、转移支付与国家治理的实证研究

由此，在对中央一般性转移支付进行较为全面而深入研究的基础上，还触及一个值得深入思考的问题，即：在我国目前中央与地方财政关系格局下，转移支付与国家治理到底存在怎样的联系？特别是在目前政府的事权与支出责任还处于改革中，转移支付体制也还不尽健全的环境下，转移支付对国家治理会产生怎样的影响？且随着中央转移支付的逐步规范化，与国家治理之间又会产生怎样的互动？这里的国家治理主要指狭义上的政府治理，就是政府实施的各项职能，即治国理政的过程及其结果，包括在划清市场与政府界限的情况下，减少不必要的行政干预，强化社会管理功能，等等。在现有研究中，发现对财政转移支付与政府治理之间的机制还缺乏统一且结论一致的理论和实证分析。鉴于此，本节就针对这一问题展开深入探讨。

（一）文献综述与理论假设

现有文献中，对转移支付的理论和实证研究，有不少集中在其和经济增长的关系上。如：奥茨（Oates，1972）认为，转移支付可以改善因财政分权而产生的公共品供给低效和失衡等问题。巴罗（Bar-ro，1999）则指出，转移支付会扭曲经济政策，从而降低投资，抑制经济增长。从国内文献来看，对转移支付的研究也较多集中于此。如，马栓友和于红霞（2003）分析了1994年分税制改革以来，转移支付与地区经济收敛的关系，发现转移支付总体上并没有缩小地区间的差距。郭庆旺、贾俊雪和高立（2008）研究认为，中央财政转移支付对地区经济增长具有正效应，但并不显著。范子英和张军（2010）的研究则表明，转移支付对促进地方经济增长效率并不高。马光荣等（2016）利用县级面板数据，分类研究转移支付，发现一般性和专项转移支付对地区经济增长具有不同效应，应在公平和效率之间适当权衡。

但对于转移支付与政府治理之间的研究则相对较少。范子英（2013）认为，转移支付会通过基础设施投资，增加地方官员的腐败，且获得转移支付越多的地区，腐败反而更多。王翔（2017）从寻租理论出发，认为转移支付具有显著的经济增长效应，但腐败抵消了65%的正面推动效应。由此可见，现有文献的研究多数集中在转移支付对其他经济变量的影响，而对转移支付和政府治理之间的机制分析并不多见，鲜有涉及转移支付对腐败的影响研究，且研究力度也不够，缺乏有力的证据和鲜明结论。

国家治理，也即政府治理的核心问题是治理效率，而反腐败则是治理的一个集中体现。因此，对转移支付与政府治理之间的关系也可以主要通过腐败这一指标来反映。腐败，是政府治理中普遍存在的现象，施莱费尔和维什尼（Shleifer and Vishny，1993）将其定义为"公务人员为了获取私利而对公权力的滥用"；坦齐（Tanzi，1998）和甘贝塔（Gambetta，2002）则认为腐败是"滥用委托代理权力谋取私利"，它不仅会对社会经济稳定以及公平效率产生负面影响，也是政府治理低效的一个直接反映，甚至会危害到国家治理的基础。

从近些年的实践来看，我国政府官员利用自身职务进行贪污腐败的案例也是不胜枚举。根据《2018年最高人民检察院工作报告》中所述，在过去五年中，全国共立案侦查职务犯罪254419人，较前五年上升了16.4%。其中，涉嫌职务犯罪的县处级国家工作人员15234人、厅局级2405人。可以说，腐败是国家治理中最为关键的因素，而财政腐败则会扭曲公共资源配置，是国家治理的核心，对社会经济有着广泛而深远的影响。

在目前我国中央与地方财政关系改革还不尽完善的情况下，地方政府在财政收支上还拥有较大的自主权，有时会存在"软预算约束"现象。这主要是因为：一方面，转移支付增加了地方政府的一些可自由支配的财力，无论对上级政府，还是本级地方官员而言，均会增加在职消费的可能性，这就会通过增加行政管理费用等消耗性支出反映出来；另一方面，在财政体制还不甚健全的条件下，如果中央政府对转移支付资金的监督力度不够，那么地方政府官员就有可能利用这一点来徇私舞弊。正如格鲁斯曼（Grossman，1999）所述，美国联邦政府政客也会利用对转移支付的使用控制权来购买州政府政客和利益集团的政治资本，从而获得选票。

由此，根据这些机制推测，提出第一个研究假设：转移支付可能会恶化政府治理，从而增加腐败。

此外，由于制度设计上的差异，我国一般性转移支付应具有更高的财力均等化效果，且从规定上看，资金不限定用途，受到的政府监督也相对较少，有助于地方政府发挥主动性和积极性。但在目前财政分权体制下，一方面，受到"晋升锦标赛"（周黎安等，2004、2007）的影响，即，上级官员主要依据经济增长来考核和提拔下级官员，因此下级官员有着很强烈的动力来发展经济以求能够获得政治上的升迁。可能促使地方政府增加消费性支出，从而导致腐败上升。另一方面，由于"粘蝇纸效应"，即，中央政府拨付的钱会粘在它到达的地方部门，从而增加这个地方政府的支出，而增加的支出水平大于本地政府税收增加带来的地方政府公共支出水平。一般性转移支付在增强地方政府财力的同时，也会导致政府的支出行为扭曲，正如斯坦因（Stein，1999）所述，会更容易导致政府偏向行政性支出。而专项转移支付一般会有明确的资金用途，尤其是限定不能用于增加行政管理支出等，在使用过程中也会受到更严格的监督，事后还会进行专项审计。且还有很多专项转移支付需要地方进行配套，因而带来的腐败效应反而不明显。如尹振东、汤玉刚（2016）研究表明，专项转移支付能较好地起到纠正地方财政支出结构扭曲功能。

基于此分析，提出第二个研究假设：一般性转移支付可能会增加腐败，专项转移支付则与腐败关系不显著。

（二）经验模型和数据变量：转移支付与腐败

根据上述理论假设和前人的研究，构建如下回归模型：

$$Corr_{it} = \alpha_0 + \alpha_1 Tran_{it} + \sum_{j=1}^{n} \beta_j X_{it,j} + u_{it} + \varepsilon_{it} \qquad (5-1)$$

其中，*Corr* 是腐败变量，*Tran* 是转移支付变量，*X* 是一系列的控制变量。

对于腐败的识别和度量是政府治理研究的重点，国内外这方面研究也在蓬勃发展中。特别是对腐败原因机制的分析，大部分研究都将其归结为制度因素。比如，格勒泽尔等（Glaeser et al., 2004）认为，腐败与经济增长呈现倒 "U" 型关系；特瑞斯曼（Treisman, 2000）则研究了不同的制度，发现在各种制度下不同文化也对应不同的腐败水平。国内系统研究腐败的经济学文献并不多，如周黎安和陶婧（2009）认为，政府规模是导致腐败高发的重要原因，但开放能有效地降低腐败；吴一平（2008）从财政分权的角度进行研究，认为分权恶化了腐败。而度量腐败主要分为主观和客观两种指标，前者主要是以居民调查统计或企业调查为样本，如联合国国际犯罪受害者调查（ICVS）和透明国际等；后者是反腐败的数据，如各个国家公布的腐败查处数据等。

本节研究中所用的腐败数据，主要是各省份贪污贿赂等职务犯罪人数。虽然这一数据本身也存在缺陷，如它和该地区的反腐败力度是紧密相关的，而且也不能完全反映地方的腐败水平。但考虑到腐败本身的隐蔽性，这已经是目前唯一具有可得性的各省份的腐败面板数据。由于《中国检察年鉴》腐败数据只截止到 2013 年，所以后面年份的数据通过查找各个省份检察院的年度报告而得，具体方法是：从各个省份检察院的年度 "工作总结" 中找寻有关反腐败的论述，其中大部分会给出职务犯罪的立案数。通常情况下，这一数据包括了贪污贿赂、索贿受贿及渎职侵权案件等。因此，较符合所研究的腐败问题。此外，为了研究的稳健性，还为腐败寻找了替代变量，即利用爬虫（Python）技术获取相关法律数据库里提及的 "腐败" 这一关键词次数，并计算占比。

如前所述，我国正式的转移支付制度建立较晚，一直处于不断变化和完善中。且由于一般性转移支付是中央政府有明确目的的行为，会根据经济社会情况做出相应变动。通常按照既定的标准化公式来计算,从某种意义上说,这些资金的分配相对外生于地方政府行为。由于转移支付的统计口径经历了几次重大的调整,根据数据的可靠性和可得性,选择 2009 年之后的转移支付作为研究重点。但由于财政部官网并没有公布 2014 年之前的分地区转移支付数据,因此,只能选取 2015 年之后的分地区转移支付数据。其中,Tran 表示总转移支付,Gtran 表示一般性转移支付,Stran 表示专项转移支付。各省份的转移支付数据均来自财政部官网公布的"分地区税收返还和转移支付预算决算表"、历年《中国财政年鉴》《地方财政统计资料》等。

此外,根据已有研究和对现实的考察,还选取了一些常用的控制变量,分别有:pgdp 为人均 GDP,用来衡量地区的经济水平,这是和腐败水平较为相关的变量;pgov 为政府机关法人单位数,用以度量政府的规模[①];open 为进出口总额占 GDP 的比重,用以衡量地区的对外开放度;priv 为非公有制企业雇员占全部企业雇员的比例,用以说明地区的市场化程度;wage 为行政机关人员平均报酬等。这些数据均来自 Wind 数据库、国家统计局官网、《中国统计年鉴》及各个地方统计年鉴等。为减少异方差,对各个数值变量取了对数。最终确定的面板数据包含 31 个省(自治区、直辖市),从 2015~2017 年的面板数据,样本观察值共计 93 个。

(三) 实证检验与结果分析

首先,给出腐败与转移支付的相关关系散点与回归线分析图。腐败与各类型转移支付的相关关系如图 5-6 和图 5-7 所示,从中可以看出,样本期间我国转移支付与腐败呈现一定的正相关关系。但从散点分布看,相比总转移支付和一般性转移支付,专项转移支付与腐败

---

① 当然,这一指标最好用政府机关从业人员数量(公职人员数量)来表示,因样本期没有找到相关数据,选择了代替变量。

的关系更弱。当采用第二种方法度量的腐败数据时，这种关系依然不变。

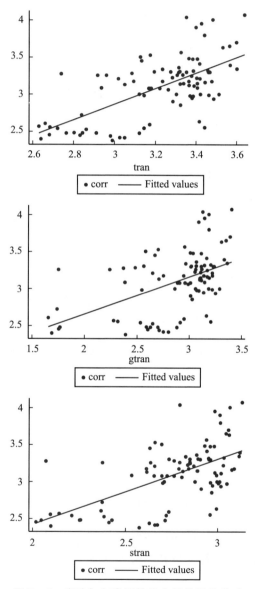

图 5 - 6 腐败与各类型转移支付的相关关系

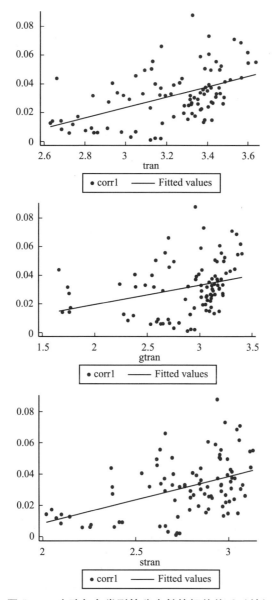

图5-7　腐败与各类型转移支付的相关关系（续）

其次，利用实证模型进行回归。在对面板数据进行检验时，根据具体情况，可选用不同的模型，如混合效应、固定效应、随机效应影响模型等。由于这里的面板数据时间序列较短，而横截面较大，属于典型的"短面板",数据可能存在截面异方差问题;且由于所采用的省级面板数据,各个省份的情况不同,也会存在不随时间而变化的遗漏变量,故综合考虑使用固定效应模型进行回归,[①] 结果如表 5 - 3 所示。

表 5 - 3   面板数据回归结果

变量	模型（1）		模型（2）		模型（3）	
Tran	1.653 *** (2.86)	2.789 ** (2.52)				
Gtran			0.526 *** (3.85)	0.695 ** (2.21)		
Stran					0.662 (0.69)	0.215 (0.23)
pgdp		- 2.082 * (- 1.69)		- 0.456 (- 0.89)		- 2.050 * (- 1.85)
pgov		0.952 (0.39)		- 0.499 * (- 1.88)		- 0.269 (- 0.14)
open		11.154 ** (2.0)		2.762 (0.97)		6.034 (1.03)
priv		- 8.795 *** (- 3.12)		- 1.126 * (- 1.88)		- 9.687 *** (- 3.27)
wage		2.369 * (1.9)		0.712 (1.45)		3.394 *** (4.02)
常数项	- 2.228 (- 1.2)	- 7.493 (- 0.73)	1.578 *** (3.95)	- 1.700 (- 0.74)	1.269 (- 0.953)	- 4.972 (- 0.44)
R^2	0.417	0.362	0.433	0.6510	0..446	0.303

注:括号内为 t 统计量; *** 、 ** 、 * 分别表示在 1% 、5% 、10% 水平上统计显著。

---

① 通常对面板数据究竟使用哪种模型,需要通过检验得知,在比较混合效应和固定效应时,采用了 LSDV 法来考察;在比较固定效应和随机效应时采用了豪斯曼检验,最终结果表明还是使用固定效应模型。

表 5 – 3 的研究结果表明，转移支付与腐败有一定的正相关关系，且在加入其他控制变量后，这种关系并没有发生显著变化。这就证实了第一个研究假设，即我国之前的转移支付有可能恶化了政府治理，加剧了腐败。且一般性转移支付与腐败的正向关系较为显著，而专项转移支付与腐败的正向关系则不显著。而无论其他控制变量是否进入模型，这一结论都不会改变。这也验证了第二个研究假设，即在我国目前的转移支付制度下，一般性转移支付会产生更多腐败的可能，而与专项转移支付的关系不明显。

从影响腐败的其他控制变量来看，人均 GDP 的系数显著为负，说明经济发展水平是可以有效抑制腐败的。而政府规模的影响则不显著，说明我国目前政府规模对腐败的影响效应还不确定。此外，开放度水平对腐败的影响为正，表明各地的经济开放都可能导致腐败增加，如招商引资和发展经济而导致的恶性竞争等。但在分项转移支付回归中，这一关系并不显著。而私有化水平则有可能抑制腐败。公职人员工资却对腐败影响系数为正，说明"高薪养廉"在我国可能还不具备条件，工资水平不是影响腐败程度的关键，只有形成一整套的制度才是抑制腐败的关键。

最后，利用腐败的另一个替代变量，即通过爬虫技术在万方数据知识服务平台上的"法律数据库"中获取"腐败"这一关键词提及次数占比进行回归，回归结果如表 5 – 4 所示。

表 5 – 4　　　　　　　　　　面板数据回归结果（续）

变量	模型（1）		模型（2）		模型（3）
Tran	0.036 *** (5.56)	0.029 *** (2.49)			
Gtran			0.014 *** (3.07)	0.011 ** (2.19)	

续表

变量	模型（1）		模型（2）		模型（3）	
Stran					0.299 （0.94）	0.023 （1.02）
pgdp		−2.007 ** （−2.53）		−1.010 ** （−2.66）		−0.003 （−0.21）
pgov		0.024 *** （2.85）		0.034 *** （4.63）		0.025 ** （2.91）
open		−0.005 （−0.08）		0.018 （0.22）		−0.021 （−0.34）
priv		−0.067 *** （−4.22）		−0.618 *** （−3.8）		−0.073 *** （−4.38）
wage		−0.009 （−0.59）		−0.012 （−0.76）		−0.006 （−0.35）
常数项	−0.085 *** （−4.04）	−0.110 （−1.4）	−0.008 （−0.59）	−0.089 （−1.06）	−0.051 （−3.04）	−0.083 （−1.06）
R^2	0.3456	0.552	0.300	0.6332	0.303	0.644

注：括号内为 t 统计量；***、**、* 分别表示在1%、5%、10%水平上统计显著。

比较两个回归的结果发现，转移支付与腐败的关系基本没有发生变化，正向关系依旧存在。证实了之前的两个假设，即转移支付有可能恶化政府治理，增加腐败；且一般性转移支付比专项转移支付更可能诱发腐败。且从控制变量来看，也和前面回归的分析基本保持一致，如，人均 GDP 的增加能有效抑制腐败；政府规模则和腐败正向关系显著，这可能是因为利用爬虫技术获取关键词时，和政府规模大小有一定关系，因此，这里的正向关系更为明显。此外，开放度和工资的影响也都不再显著。

（四）结论

转移支付和政府治理的关系是一个值得深入探讨的问题，尤其对作为治理的关键性指标腐败的研究，对我国中央与地方财政关系改革提出挑战。前述理论机制分析，以及基于我国近几年 31 个省份（自治区、直辖市）的面板数据实证研究结果表明，在综合考虑到其他相关影响因素的条件下，目前我国的转移支付可能会恶化政府治理，其中一般性转移支付与腐败为正相关关系，而专项转移支付与腐败的关系则不显著。

因而，本节研究对转移支付制度的改革有一定的启发。在中央与地方财政关系改革中，需要特别注意对转移支付的结构进行分类指导。尽管总量上要进行平衡，但对于专项转移支付，特别是腐败机会较少的领域，可以相对增加资金，而对于寻租空间较大的其他领域，则还是要加强管理。而对于一般性转移支付，还应该加大监管力度，防止地方政府的道德风险行为。从根本上规范转移支付制度，使其法治化，减少地方政府的软预算约束。从而有效减少腐败，提高政府治理水平，实现国家治理的现代化。

四、对我国一般性转移支付的政策建议

综上所述，虽然近年来我国中央一般性转移支付已在不断完善发展之中，但和健全的转移支付制度相比还有一定差距，不仅在发挥缩小地区差距的作用上不够，而且在发挥国家治理现代化的作用上也亟待进一步提升。特别是要从理念上明确，实施一般性转移支付最终是为了调节地区差异，确保地方政府将资金用于公共服务或其他有利于民生的项目上，保证基本公共服务的均等化，即达到全国最低的公共服务水平，而不仅仅是达到一定的财政收入，或均等财政收入，从而才能真正提升国家治理水平。同时，要保证这种转移资金的使用是有效率的，没有被扭曲，否则不仅不能平衡财力需求，反而会造成经济低效率。针对目前存在的问题，提出以下四点政策建议，以便进一步完善转移支付制度。

（一）实施较大规模的收入分享

实施较大规模的收入分享是转移支付制度的重要基础。近年来，中央财政可支配收入用于地方转移支付的占70%左右，同时，这一转移支付占地方财政总支出的40%。可见，转移支付要发挥作用，必须建立在大规模的收入分享之上。由于我国地区发展差异大，税源分布也十分不均衡，要有效应对这些发展不平衡，必须要用好转移支付制度，推动实现中央与地方、东部与中西部的共赢。目前，中央与地方按照税种属性分享收入，更多地调动了东部地区的积极性，特别是以企业所在地作为分享依据，明确支持的重点和方向，有利于做大财政收入，从而增强中央财力，加大对中西部地区的支持力度。

同时，随着我国中央与地方事权划分的逐步明晰化，转移支付要以支出责任划分作为安排转移支付的重要依据，与支出责任相对应。换言之，在界定清楚各级政府支出责任的基础上，为弥补地方政府履行财政事权、落实支出责任之间存在的收支缺口，只有实施较大规模的收入分享，才能将一般性转移支付手段运用到位。由此，真正做到用一般性转移支付来调解上下级政府、不同地区间的财力不足，弥补地方政府履行事权存在的财力缺口，实现事权和支出责任的相适应。

（二）规范一般性转移支付的科目和内容

针对目前我国一般性转移支付的科目和内容还较为繁多和不清晰的情况，应逐步稳定其中的一些内容，进一步明确科目。比如，对中央出台减税降费政策形成的地方财力缺口，原则上需通过一般性转移支付加以调解。同时，根据经济社会发展情况及时清理和整合专项转移支付。取消政策到期、任务完成或目标实现、绩效低下等已无必要继续实施的专项，逐步取消竞争性领域专项，如目标价格补贴、普惠金融发展专项资金、战略性新兴产业发展资金等领域，对确需扶持的关键产业可探索政府投资基金等市场化的运作模式。整合多头管理、同一方向或领域的专项，如工业企业结构调整专项奖补资金、工业转型升级资金等，大幅度整合同一支出方向下不同专项，推动同一支出方向资金的统筹使用。此外，还要严控新增设其他专项。

再比如，一般性转移支付中的一部分其实是属于地方事务且数额相对固定的项目，如之前的一些科目，如"成品油税费改革转移支付""资源枯竭型城市财力性转移支付"等，都应当按照其本来属性重新归类。从总体上减少专项转移支付对地方的干预，更好地发挥地方政府贴近基层、就近管理的优势，促进地区间财力均衡。

此外，近年来"共同财政事权转移支付"的设立，可以根据各地财力状况确定转移支付比例，保障了相关领域政策的有效落实，也体现了财力均等化的导向。对维持中央与地方财力格局基本稳定，促进区域协调发展，发挥了积极作用。逐渐形成了以财政事权和支出责任划分为依据，以一般性转移支付为主，专项性转移支付为辅，两者有效组合、协调配套、结构合理的转移支付体系。这样一来，会有效地健全转移支付体系，实现多元政策目标的有机统一，有利于促进市场统一和基本公共服务的均等化。

（三）建立稳定的增长机制

建立一般性转移支付的稳定增长机制，扩大资金规模，完善测算方法。如取消税收返还等，将资金并入一般性转移支付，剥离专项转移支付中不属于专项性质的转移支付，纳入一般性转移支付。目前，我国一般性转移支付占转移支付比例已显著提高，由 2013 年的56.7% 升至目前的 90%，增强了地方财政统筹能力和自主性。在增加一般性转移支付资金规模和比例的基础上，增强地方政府统筹安排资金能力；加大均衡性转移支付规模，重点增加对老少边穷地区的转移支付。这样有利于形成良好预期，并对地方政府起到正面激励作用。

与此同时，控制好转移支付的成本，由于各地公共服务的成本不尽相同，地方政府所需与这些最低公共服务水平相一致的基本财政能力也不一样，这就需改进一般性转移支付的计算分配方法，比如，建立起财政转移支付同农业转移人口市民化挂钩机制等①。科学配比，强化转移支付资金编报审核、执行监控和绩效评价，保持合理的转移支付结构，以适应不同地区、不同阶段的经济发展需求，使得国家治理能得到有效的财力保障。

（四）完善相关法律制度

加快转移支付制度建设，还要不断推进法制建设。目前在财政部的官网上，设立了"中央对地方转移支付管理平台"，公开各类转移支付的具体事项，这对规范化起到了一定作用。不过，目前我国有关转移支付的法律规范相当零散，至今还没有出台《转移支付法》，这极大制约了转移支付制度及其功能的完善和发展。通过立法，可以规范包括一般性转移支付在内的所有转移支付资金，明确各级政府在转移支付中的责权划分等。对专项转移支付则需要做到专门的管理办法，即认真落实"一个专项只有一个管理办法"的规定。

同时，还需要对一般性转移支付建立有效的绩效评价和监督机制，进一步落实新修订的《预算法》要求，预算时就对转移支付分项目、分地区编制，并在全国人大批准后向社会公开，提高转移支付管理水平。促使其资金使用效益最大化，并根据评价结果建立相应的

---

① 从2019年起，财政部已经开始下达农业转移人口市民化奖励资金，并要求地方财政部门根据本地区农业转移人口市民化特点，合理分配资金，加强资金使用管理，重点向吸纳农业转移人口较多的地区倾斜，向有效解决农业转移人口市民化过程中问题突出的地区倾斜，切实保障农业转移人口基本公共服务需求。

奖惩机制。这方面可以积极发挥人大的作用，加强资金审查，并逐步引入社会公众监督机制，增强公开性、透明度，确保一般性转移支付使用的目的，即达到均等化公共服务的作用。由此，进一步建立起激励型转移支付体系，做到效率和公平并重，长、短期目标相结合，为建设现代中央与地方财政关系奠定良好的制度基础。

第六章

国家治理视角下财政分权与
新型城镇化建设研究

从国家治理视角研究中央与地方财政关系[①]，其实也包括了对变量间互动性的探讨。简言之，财政分权不仅与国家治理相辅相成，甚至在有些文献中，以财政分权作为国家治理的代理变量来进行研究。当然，这两者既有重合之处，也存在差别，特别是进行实证研究时，若混为一谈，则很难分析出其中的传导机制。这里借用新型城镇化建设作为国家治理的代表性指标，系统研究我国财政分权与新型城镇化的互动机理，并以公共服务作为两者的链接，利用相关数据进行检验，辨析这几个变量间的互动关系，从而明确今后我国中央与地方财政关系改革与城镇化建设的路径。

一、相关文献综述

城镇化水平是一国综合实力的重要标志，也是国家治理现代化的重要表征。改革开放以来，我国城镇化建设效果显著，在促进经济增长、改善就业、提高收入等方面发挥了重要作用。我国第七次全国人

---

① 本章中，中央与地方财政关系和财政分权同义。

154

口普查数据显示，2020 年我国常住人口城镇化率达 63.89%。党的十八大以来，我国提出了建设新型城镇化，即更为注重"以人为本"和质量提升的城镇化。在国家发改委发布的《2021 年新型城镇化和城乡融合发展重点任务》中，也再次强调了"深入实施以人为核心的新型城镇化战略"。可见，我国目前重点建设的是以人为核心的城镇化，要摆脱之前城镇化建设中存在的一系列问题，如，农业人口难以融入城市，各类城镇化不相适应及"城市病"等。特别是我国目前城镇化的快速发展并没有带来相应公共服务供给水平的提升，如在医疗卫生、教育、社会保障等领域。这就使得城镇化很大程度上沦为"半截子工程"。这种重量不重质的城镇化，难以满足居民需求，也违背了城镇化的初衷。

究其原因是多方面的，且在很大程度上并不是城镇化这一行为本身所造成，而是在推进城镇化过程中，其背后一系列体制机制不协调引致。由于我国城镇化是在政府主导下进行，政府行为对城镇化建设起到关键作用。而财政分权是解释政府行为的核心，其激励和约束机制，深刻影响中央和地方政府，进而与诸多经济变量发生互动。同时，财政的基本功能之一就是要为居民供给公共服务，这与新型城镇化的目标相一致。此外，相对于财政分权对公共服务供给影响的研究，城镇化对公共服务供给的影响研究仍显不足。其实，这是一个问题的两面，新型城镇化建设应与公共服务供给的提升一致。但现实却表明，公共服务发展不及城镇化率的提高，这和财政分权密不可分。因此，将三者放在统一的框架下研究大有必要。

城镇化研究现已成为学术界最为热门的方向之一，相关文献众多，涉及研究领域也非常广泛，包括经济、地理、环境等，是众多学科的交叉领域。如李强（2010）等，对中国城镇化"推进模式"进行了比较详细的研究；王耀中等（2014）对近期城镇化的相关学术研究做了一个国际动态综述；国务院发展研究中心和世界银行（2014）也对我国推进高效、包容、可持续的城镇化进行了全面研究。

然而，从财政视角对我国城镇化建设进行研究，则是近几年才开始涌现。从研究范式上，大致可分为两类：一是财政收支角度，如中国经济增长前沿课题组（2011）通过实证分析指出，土地财政和公共支出扩张加速了城镇化，但可持续性有待考验。徐曙娜等（2012）通过对省级面板数据研究，发现不同财政支出项目对城镇化进程影响程度和显著性都不一样。秦佳和李建明（2013）的研究则发现，财政支出对人口城镇化的空间差异影响不明显。还有些实证研究发现，财政收支与城镇化率存在协整关系（刘昊，2013；吉黎、毛程连，2015）。二是宏观政策角度。很多学者都认为，我国城镇化对财政体制提出挑战，应优化财税政策，包括支出结构、提高使用和管理效率（张德勇、杨之刚，2005；闫坤等，2008；孙文基，2011），提出了相应的财税政策建议。刘尚希（2012）也认为，应建立财力与事权动态匹配机制，推动财政体制改革，才能应对城镇化。贾康、刘薇（2013）指出，要实现城乡统筹发展的新型城镇化，需以一元化公共财政作为支持后盾。

而现有文献中专门阐述我国财政分权与城镇化关系的研究还不多。熊柴、高宏（2012）运用省级面板数据，实证研究了财政分权对人口与空间城镇化不协调发展的影响。李伶俐等（2013）研究发现，财政分权下政府会增加城市化预算支出，从而有效推动城镇化，但效应自东向西依次递减。孙建飞、袁奕（2014）认为，财政分权是造成中国地方政府土地融资的根源，并用实证检验了分权下城镇化发展不协调等问题。此外，还有些文献中涉及相关内容，如马光荣等（2011）研究发现，财政分权度越大，地方政府越偏向城镇化资源配置，其进程也会显著加快。孙红玲等（2014）通过对常住与户籍人口差异性分析，认为人的城镇化看似是户籍制度，实则是财政体制，而推进新型城镇化，关键在于分税制改革，并由此实现公共服务均等化。

国外也有一些相关研究文献。在亨德森（Henderson，2000、2007、2010）关于城镇化的一系列研究中认为城镇化可促进经济增长，其中提及城镇化建设具有公共品属性和较强外部性，政府需用财政手段支持和保护。后来亨德森和戴维斯（Henderson and Davis，2003）的研究发现，一国城镇密度越大，财政分权度越可能提高，财政政策对城镇化直接影响也越深，落后地区尤其如此。还有些文献零散涉及财政对城镇化的影响，如法盖（Faguet，2005）认为，财政支出对城镇化建设有显著作用，应注重两者的良性循环。迈克尔、帕特里夏和罗伯特（Michael，Patricia and Robert，2009）考察了财政支出对城镇化经济推动具有非单调和非对称性，受趋势增长率、实际利率水平等影响因素。

由此可见，现有文献从国家治理视角来研究财政分权与新型城镇化还显得非常松散，特别是忽视了其中最为重要的传导机制分析，尤其是无法解释这两者对公共服务供给的影响，而这又是新型城镇化建设一个重要的落脚点，因而在因果关系上显得较为含糊，难以全面解释我国城镇化中隐藏的诸多问题。此外，以城市数据为基础的经验研究也不够充分，难以展示财政分权与城镇化建设的互动关系。

二、中央与地方财政关系改革对新型城镇化建设的影响

（一）我国城镇化不完全发展的特征性事实

众所周知，城镇化的内涵和外延都十分丰富，实质是指农村人口向城市的转移，强调人的城镇化，这也是新型城镇化题中应有之意。而人的城镇化最重要的意义就是享受基本公共服务，提高生活质量，从而分享经济社会发展成果。改革开放以来，我国城镇化发展迅速，

2020 年我国常住人口城镇化率达 63.89%，年均提高 1.39%，实际居住在城市的人口更多。但这些城镇人口实际上并不是真正意义上的城市居民，因他们大多无城市户籍，也无法享受到相应的公共服务。且在过去十多年中，我国城镇新增的 1 亿人中，有接近 50% 是由于城镇边缘地区成了市区，也即土地空间城镇化使相应农业人口被纳入城镇人口统计指标中，因而城市建成区土地面积增长率远高于城镇化率。剩下的则是进城务工的农民工。这些农民工在城镇化中基本处于非市民化状态，在公共服务的享有上与城市居民有较大差距。

（二）中央与地方财政关系改革对新型城镇化影响的机理与传导机制

这种不完全发展的城镇化背后原因众多，但对于政府主导的转型经济体而言，财政分权体制无疑是造成这种局面最根本的因素之一。改革开放后，我国财政体制历经多次调整，以 1994 年分税制改革为基础，形成了我国现行的分权体制。由此，地方政府面临中央政府两种激励：一是财政激励，即地方经济发展好，财政收入高；二是晋升激励，即以当地 GDP 增长为主要考核指标，带来政府间标尺竞争，促进经济增长。就地方政府而言，为提升政绩，会更愿意供给硬性公共服务，如基础建设类等经济效益明显的显性公共服务；而对于其他软性公共服务供给则积极性不高。

此外，由于之前我国的分税制改革并不彻底，政府间事权划分不甚清晰。从目前财政分权格局看，财力多集中于中央政府，支出责任却落在地方。尽管中央通过转移支付给地方不少财力支持，但由于缺口较大，地方政府迫于压力，还是需依靠其他渠道获得相应资金。其中，土地出让金就是最为突出的一部分，所谓的"土地财政"在一段时间内盛行。这种以土地为中心的城镇化模式也是我国财政分权的结果之一。而从土地上获得的这部分财政收入又大多用于经济建设，特别是基础设施建设，在其他基本公共服务上投入十分有限。我国早在 2012 年颁布的《国家基本公共服务体系"十二五"规划》中就确定了基本公共服务的范围，分别是教育、就业、社会保障、医疗卫生、住房保障、文化体育、交通通信、公用设施和环境保护。2017年的《"十三五"推进基本公共服务均等化规划》中更是明确了基本公共服务的定义。但从目前公共服务供给的情况看，还是难以满足新型城镇化发展的需要，特别是与城镇化率相比差距较大。

不难理解，在中国式财政分权下，地方政府更愿意进行土地城镇化，因为这会带来财力增加，而人口城镇化却会加重地方财政负担，因为需承担由此带来的公共服务供给支出的增加。尤其是在目前税制结构还不甚合理，地方税体系又还不健全的情况下，土地财政不可避免，而利用土地城镇化带来的财政收入又没有支持人口城镇化，这是造成两者分离的关键所在。当然，土地财政也会改善部分城市基础设施，这在一定程度上也推进了城镇化，且基础设施也是基本公共服务一个重要领域。但现有财政分权对地方政府的激励，使它们还是更关注经济发展，对其他公共服务则缺乏内在动力，这和新型城镇化所需的公共服务相比还远不够。

再者，根据蒂伯特的财政分权理论，在人口自由流动的条件下，对公共服务的高质量需求可对地方政府形成"用脚投票"机制，从而使其相互竞争，有效供给公共服务。然而，由于我国户籍制度限制，财政分权机制并不能充分发挥作用，地方政府在对居民提供公共服务上存在显著差异性，会选择性供给公共服务。大量流动人口，尤其是农民工，虽在城市安家，且也都选择公共服务相对较好的城镇，但由于他们并不缴纳或较少缴纳税收，更不是地方财政收入主要贡献者，一些公共服务对他们来说几乎处于真空状态，尤其在社保、医疗等方面。

此外，大规模人口流动很容易导致流入地和流出地的公共服务成本不一致。但在财政分权体制下：一方面，流入地政府一般不提供相应公共服务，但很多公共服务又被大量流动人口挤占，降低了服务质量，这里主要是指基础设施类；另一方面，流出地政府还需供给一些基本公共服务，这就使公共服务面临双重挑战。若一旦形成流动人口与户籍人口的二元公共服务供给体系，新型城镇化建设就大打折扣了。中国式财政分权下城镇化不完全发展的传导机制如图 6 - 1 所示。

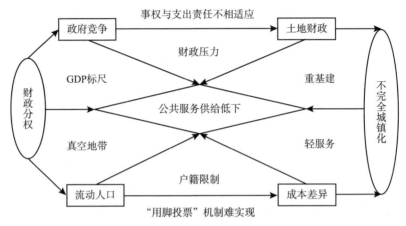

图 6 - 1 中国式财政分权下城镇化不完全发展的传导机制

三、财政分权、公共服务与新型城镇化

从以上传导机制的分析中不难发现，在目前诸多相关体制机制还不健全的条件下，具有中国特色的财政分权格局是城镇化发展不完全的关键因素。同时，这两者也都非常不利于公共服务的均衡供给。而发展不完全的城镇化也对完善公共服务供给作用有限。鉴于此，可以推导出：（1）财政分权对城镇化和公共服务供给的影响较为复杂，财政分权促进了城镇化发展，但对公共服务供给不利，尤其是在教育、医疗等软性公共服务方面。（2）由于城镇化发展不完全，对公共服务供给提升作用有限，但对基础建设类硬性公共服务有一定的正面影响。

结合以上理论分析，提出两个命题作为研究假设，并进行相关实证检验。假设一：财政分权与城镇化率呈现正向相关关系。假设二：城镇化率的提高并不能带来公共服务供给水平上升，两者呈无关或负相关关系，但对基础建设类公共服务可能会有一定的促进作用。同时，财政分权与公共服务供给水平负相关，但对基础建设类公共服务可能有一定的正向作用。

（一）模型设定与变量选择

考虑到财政分权对城镇化及公共服务供给之间存在的传导机制，本章先考察财政分权与城镇化的关系，再考察财政分权、城镇化对公共服务供给的影响。在借鉴前期相关研究的基础上，针对上述研究假设，建立以下两个面板数据模型：

$$UR_{it} = \alpha_0 + \alpha_1 FD_{it} + \alpha_2 GDP_{it} + \alpha_3 IND_{it} + \alpha_4 COM_{it} + \alpha_5 PD_{it} + \varepsilon_{it}$$

$$PG_{it} = \alpha_0 + \alpha_1 UR_{it} + \alpha_2 FD_{it} + \alpha_3 GDP_{it} + \alpha_4 PD_{it} + \varepsilon_{it} \qquad (6-1)$$

各变量定义参见表 6-1，下标 t 指时期，i 为地区，ε 是回归残差项，其中，FD 为解释变量，UR 在模型（6-1）中是被解释变量，在模型（6-2）中则是解释变量。为尽量减少内生性，保证研究的稳健性与科学性，加入了对城镇化及公共服务供给有影响的几个常见控制变量：GDP、IND、COM 和 PD。同时，为解决各变量的单位不统一，减少异方差，对各个非百分比变量进行了对数化处理。

表 6-1　　　　　　　　　　　　　　变量说明

变量	说明
UR	城镇化率，用城镇人口与总人口的比率来衡量
FD	财政分权度，用人均本地财政支出占人均总财政支出比值衡量
PG	公共服务供给水平，用六类公共服务供给指标来衡量
GPD	经济发展水平，用各地区人均 GDP 衡量

续表

变量	说明
IND	工业化水平，用第二产业产值占 GDP 的比重来衡量
COM	政府竞争力，用人均实际利用外商直接投资来衡量
PD	人口密度

财政分权指标选择是本章研究的核心之一，从计量合理性出发，采用主流方法，用人均本地财政支出占人均总财政支出比值度量财政分权度，从而剔除了人口规模因素，同时也排除了转移支付的影响。该指标越大，表明地方政府财政分权度越高。

城镇化率指标是本章研究的重点，虽然它有很多维度的定义，比如土地城镇化、社会城镇化等，但除了人口城镇化，其他指标均争议较大。因此，这里还是以通常意义上的城镇人口与总人口的比率来衡量。由于城镇人口在统计年鉴中并无具体指标，目前仅四个直辖市和少量城市有部分年份的数值，可采用常见的"非农业人口"来表示。而总人口数则一般用统计年鉴中的"年末总人口"指标。该指标越高，表明城镇化水平越高。

公共服务供给也是本章研究的一个重点指标。由于涉及诸多公共服务，目前度量又缺乏统一、权威的标准。因此，本章选择了几类代表性公共服务。一是基础教育服务，用每万名中小学生拥有的专任教师数进行度量。因为相对其他公共服务，教育服务所具有的外部性能够相对控制在较小范围内，从而更能体现出财政分权和城镇化所附带的福利影响。二是文化服务，用每百人公共图书馆藏书（册、件）来表示，它在一定程度上反映出该地区的公共文化服务供给水平。三是医疗卫生服务，用每万人拥有的医院、卫生院床位数度量。它较能反映出一个地区的医疗供给水平。这三类公共服务均属于软性公共服务，对地方政府而言，投资大，周期长，收益低，但却是通常意义上居民最为迫切需求的公共服务。四是基础设施，用人均铺装道路面积（平方米）作为指标；五是公共交通服务，用每万人拥有公共汽车（辆）来衡量；六是公共环境，用该地区建成区的绿化覆盖率指标。无论是哪类公共服务，其指标越高，表明该公共服务供给水平也越高。

此外，城镇化发展还受到很多其他因素的影响，在借鉴相关研究的基础上，将其归纳到控制变量中。分别是：经济发展水平，即人均GDP，这是衡量地方经济发展最重要的指标，也是影响城镇化和公共服务的重要变量；产业发展指标，用工业化水平，即用第二产业产值占 GDP 的比重来表示；政府竞争力，一般采用人均实际利用外商直接投资来衡量，因为地方政府竞争力主要表现在吸引外资方面，该指标越高，说明地区竞争力越大，对城镇化也越能起到推动作用；最后是人口密度。

（二）样本选择与数据来源

公共服务供给大多针对城市，为更透彻地分析其背后传导机制，和以往文献多采用省级数据分析不同，这里采用城市指标，研究样本包括 4 个直辖市和 15 个副省级城市，共计 19 个城市。原因在于，和省级单位一样，这些城市拥有经济管理权限，财政上可视为直接纳入中央计划，衡量其财政分权度具有可靠性，且这些城市经济发展基础良好，也是人口较为密集的城市，城镇化程度高。在样本时间选择上，由于大部分城市的公共服务指标在 2000 年之后才有统计，又由于户籍制度改革，2014 年之后很多副省级城市都先后在全市范围内取消了农业人口与非农业人口性质划分，统一登记为"居民户口"。因此，从数据完整性和可靠性出发，最终确定了 2000～2014 年为样本时间，共 15 年。本章的数据主要来源于 CNKI 统计年鉴库和 Wind 数据库。

（三）实证结果分析

1. 描述性统计分析

为直观地观察财政分权与城镇化率的关系，通过散点图及趋势线给出了相关图示。如图 6-2 所示，可以看出两者呈明显的正相关关系，说明财政分权度的提高有利于加快城镇化建设。

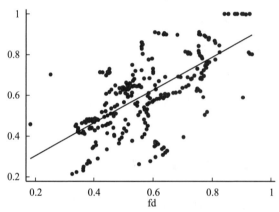

图 6-2　财政分权与城镇化率的关系

表 6-2 给出了各变量的描述性统计。从中可以看出，我国 19 个副省级以上城市的财政分权度均值在 0.6 左右，而城镇化率样本均值也是 0.6，与同期全国 45.74% 的平均城镇化率相比要高，这表明样本期间这些城市的城镇化率居全国前列，符合预期。再看代表公共服务供给水平的几个指标均值，如：每万名中小学生拥有的专任教师数均值约为 645，每百人公共图书馆藏书约为 168（册/件），每万人拥有的医院、卫生院床位数约为 4。可见，这些公共服务供给水平并不高。而基建类公共服务中：人均铺装道路面积 12 平方米，每万人拥有公共汽车 17 辆，建成区绿化覆盖率 38% 等，供给水平则相对好些。但总体而言，样本期内各城市公共服务供给水平一般，且存在较

大差异。

表6-2　　　　　　　　主要变量的描述性统计

变量	均值	标准差	最小值	最大值
城镇化率	0.604	0.1816	0.214	1
财政分权度	0.572	0.150	0.183	0.935
每万名中小学生拥有的专任教师数	644.530	110.608	403.469	967.150
每百人公共图书馆藏书（册/件）	167.798	173.653	4.55	1438.59
每万人拥有的医院、卫生院床位数	4.164	2.537	0.478	14.871
人均铺装道路面积（平方米）	12.000	7.772	2	64
每万人拥有公共汽车（辆）	16.527	18.943	4.16	115
建成区绿化覆盖率（%）	38.143	6.809	5.55	68.94
人均GDP（元）	50428.05	28979	5654.45	149495
第二产业产值占GDP比重	46.064	6.934	21.31	61.59
人均实际利用外商直接投资（美元）	349492.5	343689.1	14383	1886676
人口密度	772.408	418.8249	176	2269.23

19个城市的城镇化率时间趋势如图6-3所示，可见样本期间各城市的城镇化率时间趋势不尽相同，如深圳从2004年起，已全面实现农村城镇化，不存在"非农业人口"，因此城镇化率为1；而有的城市则明显呈现上升趋势，如成都、大连、杭州等地。还有少部分城市的变化不明显，如哈尔滨、天津等。说明各城市城镇化率的影响因素有差异，其中既存在个体差异因素，也有时间因素。

2. 计量回归结果

实证分析分两步进行：第一步是检验财政分权对城镇化的影响；第二步检验城镇化和财政分权对公共服务供给的影响。首先，对第一个静态面板模型进行实证检验，聚焦核心解释变量，根据检验结果，采用不同的模型估计方法，回归结果如表6-3所示。

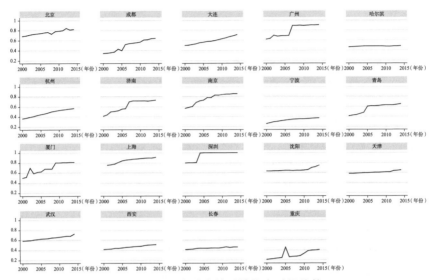

图 6 – 3 19 个城市的城镇化率时间趋势

表 6 – 3 　　　　　财政分权对城镇化的影响面板数据回归结果

解释变量与控制变量	被解释变量 UR	
FD	0.203 *** (0.000)	0.069 *** (0.003)
GDP	0.129 *** (0.000)	
IND	0.020 *** (0.009)	
COM	0.040 *** (0.003)	
PD	0.202 *** (0.008)	
F 检验	75.46 *** (0.000)	42.23 *** (0.000)
R^2	0.6434	0.5257
Hausman 检验 p 值 （和 re 比较）	22.09 *** (0.001)	21.95 * (0.000)
采取模型	固定效应	固定效应

　　注：括号内为 t 统计量；*** 、** 、* 分别表示在 1% 、5% 、10% 水平上统计显著，样本数为 285。

由表6-3可见，财政分权对城镇化率在1%的水平上有显著正向影响，即财政分权度越高，越能促进城镇化率提高，两者关系显著。从相关性检验可见，Hausman检验p值为0.001，表明支持采用固定效应模型。且无论控制变量 GDP、IND、COM、PD 是否进入方程，财政分权的系数都显著为正，结论不改变。此时，Hausman检验p值为0.000，也支持使用固定效应模型，说明控制变量虽有一定干扰，但不影响假设一的成立。且各个控制变量，如人均GDP、工业化水平和政府竞争力等系数均为正，也较为显著，和预期理论一致。可见，实证结果支持了前述假设，即财政分权对城镇化有促进作用。

由于城镇化与公共服务供给间可能存在较强的内生性问题，因此，要为城镇化率设置工具变量。这里选择滞后一期的工业化水平，因为它与城镇化率密切相关，但却不是公共服务供给的主要影响因素。根据不同检验结果，采用不同的实证模型，对公共服务影响的实证回归结果如表6-4所示。

表6-4　　　　对公共服务影响的面板数据回归结果

解释变量与控制变量	被解释变量					
	基础教育	文化服务	医疗卫生	基础设施	公共交通	公共环境
城镇化率	-0.034 (0.517)	-0.259 (0.515)	-0.504 *** (0.000)	0.115 * (0.056)	0.731 *** (0.000)	0.041 (0.702)
财政分权	-0.026 ** (0.038)	-0.187 ** (0.046)	-0.1412 ** (0.032))	0.152 *** (0.007)	0.164 ** (0.018)	0.106 (0.188)
人均GDP	0.166 *** (0.000)	0.384 *** (0.000)	0.270 *** (0.000)	0.543 *** (0.000)	0.129 *** (0.002)	0.158 *** (0.018)
人口密度	0.049 (0.195)	1.383 *** (0.000)	0.509 *** (0.000)	-0.393 * (0.054)	-0.159 ** (0.011)	-0.043 (0.460)
R^2	0.775	0.3948	0.8376	0.5923	0.4407	0.3135
Hausman检验p值（和re比较）	7.95 (0.0936)	34.71 (0.0000)	-1.85	-1.44	4.78 (0.3101)	2.87 (0.5800)

解释变量与控制变量	被解释变量					
	基础教育	文化服务	医疗卫生	基础设施	公共交通	公共环境
Hausman 检验 p 值（和工具变量法比较）	3.08 (0.5438)	2.06 (0.7240)	50.33 (0.0000)	54.56 (0.0000)	5.80 (0.2147)	4.19 (0.381)
采取模型	随机效应	固定效应	固定效应	固定效应	随机效应	随机效应

注：括号内为 t 统计量；***、**、* 分别表示在 1%、5%、10% 水平上统计显著，样本数为 285。

　　财政分权与城镇化率对各类公共服务供给的检验结果并不一致，前三类和后三类公共服务检验的结果正负符号相反。具体来看，以"每万名中小学生拥有的专任教师数"为代表的基础教育方面公共服务，无论财政分权，还是城镇化率的系数均为负值，且财政分权的系数在 5% 水平上统计显著，说明财政分权并没有促进基础教育公共服务供给水平提升；而城镇化率的系数统计不显著，说明城镇化率与此类公共服务供给没有相关关系，其 Hausman 检验 p 值为 0.0936，表明支持随机效应模型。同时，内生性检验 Hausman 值为 0.5438，说明模型可以不使用工具变量。而以"每百人公共图书馆藏书"和"每万人拥有的医院、卫生院床位数"为公共服务指标的公共文化服务和医疗卫生服务来看，结论基本不变。只不过城镇化率对医疗卫生影响的系数统计显著，说明城镇化率并未有效促进医疗卫生公共服务的提高。根据 Hausman 检验结果，对后两者均采用了固定效应模型及工具变量法。

　　而从"人均铺装道路面积""每万人拥有公共汽车"和"建成区绿化覆盖率"为指标来看的"基础设施""公共交通"和"公共环境"这三个偏重基建类的公共服务，则出现了一定的变化。财政分权的系数都为正，且前两者在 1% 和 5% 的水平上统计显著，说明财政分权与此类公共服务供给存在一定正相关关系；而城镇化率的系数也为正，且前两者分别在 10% 和 1% 的水平上统计显著，表明城镇化率在一定程度上促进了这两类公共服务的供给。从控制变量来看，人均 GDP 无论对哪种公共服务系数都为正，且在 1% 的水平上统计显著，也与理论预期相同。可见，与假设二一致，即：城镇化率的提高对偏重基础建设类的公共服务有一定促进作用，而财政分权对基建类公共服务也有一定正向影响。

3. 稳健性检验

为分析回归结果的稳健性，除了采取逐次加入控制变量重新回归，其主要回归结果不变以外，还用了其他实证方法。特别是考虑到模型存在的异方差和自相关等问题，这里采用 GMM（generalized method of moments），即广义矩方法，其思路是从计量模型对数据的要求出发，得出一系列矩条件，再根据这些矩条件求解系数，从而进行稳健性检验回归。从表 6 – 5 和表 6 – 6 的回归结果来看，稳健性检验回归系数的正负号和之前的回归系数相同，系数相差也不大，说明回归模型的性质没有发生变化。可见，研究结论具有稳健性。

表 6 – 5　　　　　　　　　财政分权对城镇化影响的稳健性检验

解释变量与控制变量	被解释变量 UR	
FD	0. 255 *** （0. 000）	0. 069 *** （0. 004）
GDP	0. 218 *** （0. 000）	
IND	0. 041 *** （0. 006）	
COM	0. 020 * （0. 061）	
PD	0. 217 *** （0. 009）	

续表

解释变量与控制变量	被解释变量 UR	
Wald chi2	591. 38 *** (0. 000)	130. 25 *** (0. 000)
R^2	0.6427	0.3776

注：括号内为 t 统计量； *** 、 * 分别表示在1%、10%水平上统计显著，样本数为285。

表 6－6　　　　　　　对公共服务影响的面板数据稳健性检验

解释变量与 控制变量	被解释变量					
	基础教育	文化服务	医疗卫生	基础设施	公共交通	公共环境
城镇化率	－ 0. 052 (0. 338)	－ 0. 259 (0. 512)	－ 0. 524 *** (0. 000)	0. 115 * (0. 063)	0. 718 *** (0. 000)	0. 032 (0. 987)
财政分权	－ 0. 021 * (0. 048)	－ 0. 187 ** (0. 982)	－ 0. 1412 * (0. 052))	0. 152 *** (0. 008)	0. 127 * (0. 042)	0. 180 * (0. 094)
人均 GDP	0. 165 *** (0. 000)	0. 384 *** (0. 000)	0. 270 *** (0. 000)	0. 543 *** (0. 000)	0. 135 *** (0. 002)	0. 170 *** (0. 000)
人口密度	0. 111 * (0. 010)	1. 383 (0. 313)	0. 609 *** (0. 000)	－ 0. 393 * (0. 052)	－ 0. 206 ** (0. 193)	－ 0. 101 (0. 542)
R^2	0.772	0.3681	0.8380	0.5923	0.3944	0.2343
Sargent	0.000	0.002	0.001	0.001	0.001	0.002

注：括号内为 t 统计量； *** 、 ** 、 * 分别表示在1%、5%、10%水平上统计显著，样本数为285。

四、国家治理视角下财政分权与新型
城镇化建设的政策建议

财政分权对新型城镇化的传导机制较为复杂，它们又均与公共服务供给有着千丝万缕的联系，分析这一问题对深入了解分权机制，完善财税体制及在此基础上建设新型城镇化意义重大。根据诺瑟姆曲线，一国城镇化率要达到 70% 以上才能逐渐稳定下来。可见，我国城镇化还处于成长加速期，但这需要多方面政策支持，才可能真正实现。财政分权体制就是其中最为重要的政策之一。通过对财政分权、城镇化及公共服务这三个变量的数据挖掘及实证检验发现，财政分权对城镇化建设产生了积极影响，但同时也是公共服务供给不足的制度性根源，财政分权度提高对城镇化建设确实发挥了重要作用。但同时，这两者对公共服务供给，特别是教育、文化、医疗等方面的提升却不利，我国城镇化还不是真正意义上的新型城镇化，财政分权体制与新型城镇化建设存在不匹配之处。

事实上，我国财政分权改革的步伐一直没有停歇，而新型城镇化就是人的城镇化，以满足其基本公共服务，因此改革的核心在于建立有利于公共服务供给的财税体制。首先，财政分权应以完善供给公共服务为目标，合理确定各级政府在教育、医疗等公共服务方面的事权和支出责任，并由此建立与新型城镇化相适应的财政收入体系，拓宽城镇化融资渠道。具体包括完善地方税体系，培育地方主体税种等，从而逐渐改变土地财政现状，增强地方政府供给公共服务的能力。其次，从公共服务支出分担机制着手，根据其受益范围划分事权。同时，改革户籍制度，逐步消除二元户籍体系，加快农民工市民化，建立财政转移支付同农业转移人口市民化挂钩的相关机制。完善城镇公共服务补贴办法，充分发挥财政的公平分配功能。最后，还需改变对地方政府的激励机制和政府考核体系。公共服务供给的正面作用需要一定时间才能反映出来，而现有的政绩考核使地方政府偏好短期经济行为，而非有效供给公共服务。因此，若将公共服务等软性项目加入考核指标，且增加权重，会让地方政府更重视公共服务供给，从而逐步使新型城镇化真正落到实处。

总之，从国家治理现代化视角来看，新型城镇化建设也是一个系统工程，中央与地方财政关系又在其中发挥了核心作用，需在不断推动户籍制度、土地制度和财政体制的联动改革基础上，让城镇化建设由政府主导，变为引导，在一条自发的道路上稳步进行，才能实现真正的新型城镇化。

第七章

国家治理视角下防范和化解
我国地方政府债务风险

　　从国家治理的视角来看，我国中央与地方财政关系改革中还有一个较为引人关注的课题，就是地方政府债务。尤其是近年来，我国地方政府债务增速较为明显，引起各个方面的广泛关注。一般而言，虽说举债对促进经济社会发展起到一定正面作用，但由于其中存在的一些突出问题，特别是相配套的体制机制还不尽完善，使得随之而来的债务风险也日益递增，对我国国家治理提出了前所未有的挑战。并且，目前新冠肺炎疫情还没完全结束，其冲击导致的各类衍生风险仍不容忽视；国内经济形势还较为复杂，加上国际经济环境更趋严峻，经济发展面临巨大的不确定性。在减税降费的大背景下，各地财政收支仍然面临着潜在的压力，警惕和防范地方政府债务风险就显得尤为重要。

　　近年来，无论是中央经济工作会议、中央政治局会议，还是全国金融工作会议、国务院常务会议均对地方政府债务问题做出重要部署，如表 7 - 1 所示。特别是对地方债风险的不断警示，标志着中央已将防范和化解地方政府债务风险提到一个新的高度。可以说，地方政府债务问题已经成为国家治理的焦点，事关国民经济的持续健康发展和国家的总体安全。而防范化解地方政府债务风险也是国家治理的一个重大任务，更是中央和地方政府财政关系改革的重点。本章就从国家治理视角，深入分析我国目前地方政府债务所面临的风险挑战，剖析其深层次动因，并对下一步的治理机制提出相关的设计方案和政策建议。

表 7-1   近年来涉及地方政府债务问题的主要会议及文件

时间	会议或文件	涉及内容
2017 年 3 月	政府工作报告	要规范地方政府举债行为
2017 年 7 月	全国金融工作会议	各级地方党委和政府要树立正确政绩观，严控地方政府债务增量，终身问责，倒查责任
2017 年 7 月	中央政治局会议	要积极稳妥化解积累的地方政府债务风险，有效规范地方政府举债融资，坚决遏制隐性债务增量
2017 年 7 月	国务院常务会议	严格规范地方政府举债行为，积极稳妥化解积累的债务风险。各地要落实属地责任，堵住后门，坚决遏制违法违规举债
2017 年 10 月	党的十九大报告	要坚决打好防范化解重大风险的攻坚战
2018 年 3 月	政府工作报告	要防范化解地方政府债务风险。严禁各类违法违规举债、担保等行为。省级政府对本辖区债务负总责，省级以下地方政府各负其责，积极稳妥处置存量债务。健全规范的地方政府举债融资机制
2018 年 12 月	中央经济工作会议	打好防范化解重大风险攻坚战，要坚持结构性去杠杆的基本思路，防范金融市场异常波动和共振，稳妥处理地方政府债务风险，做到坚定、可控、有序、适度
2020 年 4 月	中央政治局会议	发行抗疫特别国债，增加地方政府专项债券，提高资金使用效率，真正发挥稳定经济的关键作用
2020 年 12 月	中央经济工作会议	抓实化解地方政府隐性债务风险工作，处理好恢复经济和防范风险关系
2021 年 12 月	中央经济工作会议	要坚决遏制新增地方政府隐性债务，稳妥化解地方政府隐性债务风险隐患，确保财政可持续

资料来源：笔者根据中国共产党网（www.12371.cn）上历年中央经济工作会议及中央政治局会议等相关资料整理而得。

一、我国地方政府债务简要发展历程及现状

分析我国地方政府债务风险问题之前，先简要回顾下地方政府债务的历史沿革，以便从历史及制度经济学角度，更深刻地认识现阶段地方政府债务形成的原因机理和所面临的风险，并为下一步寻找具有可操作性的机制方案提供铺垫。

一般而言，政府债务是指政府及其公共机构发行的债券，是政府筹措财政收入的一种形式，通常以当地政府的税收能力作为还本付息担保。而政府债务风险，则是指政府在组织债务收入和安排债务支出的过程中，由于债务制度和债务管理手段本身的缺陷及其他因素的不确定性，导致债务收支总量失衡或结构失衡，进而对国民经济整体运行造成损失和困难的可能性。在多层级政府国家中，政府债务一般可分为中央政府债务和地方政府债务。它与一般负债的区别在于，政府债务是为了解决公共支出的需要专门举借的债务。政府债务不是会计报表负债，而是政府凭借其信用，根据平等签约举借而产生的有偿性债务。

就我国而言，除了上述法定的政府债务之外，由于历史原因，还存在大量的地方政府隐性债务，它是指地方政府在法定限额之外直接或间接承诺由财政资金偿还及违法提供担保等方式举借的债务，主要包括：地方政府的国有企业、事业单位等替政府进行举债，并由政府提供担保或财政资金支持偿还的债务；地方政府在设立政府投资基金、开展政府与社会资本合作（PPP）、政府购买服务等过程中，通过约定回购资本金、承诺保底收益等形成的政府长期支出事项债务。隐性债务很大一部分没有被统计在地方政府债务中，而其又是非常不稳定的因素。2018 年，监管部门就曾对隐性债务进行了相关统计，并出台《中共中央国务院关于防范化解地方政府隐性债务风险的意

见》。可见，这些隐性债务无形中增加了地方政府的债务风险。

（一）中央与地方财政关系改革中的政府债务

回顾债务历史，从中华人民共和国成立伊始，我国中央与地方政府就有了债务，分别称为国债和地方政府债务。我国中央与地方政府债务的历史演进如表 7－2 所示。相对而言，我国国债历史比较清晰，除了政治上的原因，在 1954～1980 年的特殊时期停发了一段时间外，其他时候的进程都较为平稳。而从地方政府债务的历史来看则相对波折。计划经济时期，受到当时"统收统支"财政体制的影响，从地方政府角度而言，并没有发债的必要性和积极性，因为它们只是中央政府的代理人，即便形式上存在"发债"，也仅是代理中央政府进行债务发行，并不是自行发债。并且，自从 1958 年发行地方经济建设公债之后，没几年就停止了发行省级以上债券，到了 1985 年甚至暂时停发了地方债。当时，国债重启发行，而地方债却一直处于禁发状态。不过，各地也陆续出现了政府担保贷款、国企内部债券等"准地方债"。

表 7－2　　　　　　　我国中央与地方政府债务的历史演进

国债	地方政府债务
1950 年人民胜利折实公债	1958 年地方经济建设公债
1954～1958 年国家经济建设公债	1962～1980 年停止发行省级以上债券
1959～1980 年停止发行国债	1985 年暂停发行地方债券
1981 年起发行国库券	1995 年除法律和国务院规定外，地方政府不得发行债券
2006 年起国债实行余额管理	2009～2014 年国务院决定代理地方发行债券
	2015 年地方政府债务实行限额管理

资料来源：笔者根据相关文件整理而得。

改革开放之后，随着中央与地方财政关系的进一步调整，地方政府开始拥有更多的自主权，在财政分权的格局下，各个地方政府受到经济建设等目标的指引，都或多或少以各种形式发行过债券。然而，1994 年我国就把"地方政府不得发行地方政府债券"写进了《预算法》，1995 年的《担保法》中也明令禁止地方政府作为保证人，防止过度举债行为。分税制改革后，中央通过转移支付、税收返还、国债转贷等方式，向经济薄弱地区提供了大量的建设资金，以实现全国范围内的财政平衡。但在这一阶段，依然出现了通过融资平台举借的地方政府债务。直到 2008 年金融危机后，国务院特批地方政府发行了 2000 亿元债券，从此正式拉开了地方债发行的序幕，也走上了"开前门、堵后门"的规范化之路。可以说，直到这时，真正意义上的地方债才开始出现，并规定可由国务院代理发行。到了 2011 年，又开始实行地方政府的自行发债试点，两年后试点"自发自还"。在 2014 年新修订的《预算法》中，明确规定：地方政府债务实行限额管理，并对地方政府的发债做了严格规定，包括举债主体、举债用途、规模、方式及控制债务风险等。由此，地方政府债务及其管理才算逐步走上正轨。

（二）我国地方政府债务规模的辨析

1978 年改革开放后，我国经济高速增长，在当时的财政分权体制激励下，地方政府之间展开了激烈的竞争，特别是在基础设施建设方面。由于其建设周期相对较短，尤其是和科教文卫等公共服务相比，政绩可以在短期内凸显。因此，各个地方政府都比较热衷于投资基础建设类的公共品。而由于地方政府并不具备投资建设所需要的相应财力，加之受到外部制度环境的约束，使得地方政府的融资渠道非常单一，大部分只能通过各类融资平台进行筹资。

其实，我国早在 1994 年颁布的《预算法》中就曾明确规定，地方政府不得发行债券。然而，一直以来，由于各种各样的原因，有体制上的不完善，如事权与支出责任不匹配；也有实践上的困难，如地方财政收支缺口大等，大多数地方政府都在不同程度地以各种方式举债。而受到正规制度的约束，这些债务很多处于隐性状态，种类繁多且负担较重。由于这些地方政府债务具有或有性、非规范性和非透明性，又缺少有效、统一的监督管理，没有有效的风险防范机制，且很大一部分属于"隐性债务"，已然成为风险的高发区。并且，有些债务风险一直延续至今，成为国家治理的隐患。

根据财政部官网数据，从 2008 年到 2014 年新修订的《预算法》实施前，全国政府债务余额年均增长率约为 19.9%。其中，地方政府债务年均增长率高达 30.7%，远高于同期的 GDP 和财政收入增速。2014 年修改后的《预算法》，相当于给地方政府举借债务打开了"前门"，对地方政府债务实行余额限额管理。并在 2020 年新修订《预算法实施条例》的第四十四条，对《预算法》第三十五条第二款所称举借债务的规模做了详细说明，它是指各地方政府债务余额限额的总和，包括一般债务限额和专项债务限额。一般债务是指列入一般公共预算用于公益性事业发展的一般债券、地方政府负有偿还责任的外国政府和国际经济组织贷款转贷债务；专项债务是指列入政府性基金预算用于有收益的公益性事业发展的专项债券。从财政部 2019 年 12 月 31 日正式上线试运行的"中国地方政府债券信息公开平台"上，可以查到 2015 年以来，我国地方政府债券各方面的详细信息，包括地方政府债务限额、余额以及债券发行、存续期管理、经济财政状况等。2015～2020 年我国地方政府新增债券发行额如表 7-3 所示，我国新增债券发行额从 2015 年的 5912 亿元，猛增到 2020 年的 45525 亿元，增长了近 7 倍，尤其是专项债的规模飙升更为迅猛，几乎呈几何级数增长，年复合增速达到 80% 左右。然而，由于专项债抗压能力弱、收益持续下降，难以保证收益平衡，最终仍需要靠财政资金偿还，成为事实上的一般债，较容易导致偿债风险。

表 7 - 3　　　　　　2015 ~ 2020 年我国地方政府新增债券发行额　　单位：亿元

项目	2015 年	2016 年	2017 年	2018 年	2019 年	2020 年
新增债券发行额	5912	11699	15898	21705	30561	45525
一般债券发行额	4953	7662	7961	8177	9073	9506
专项债券发行额	959	4037	7937	13527	21487	36017

资料来源：中国地方政府债券信息公开平台。

因此，就近些年来地方政府债券规模而言，如图 7 - 1 所示，自
2015 年新修订的《预算法》实施以来，一方面，我国地方政府债务
正逐步走向规范化，地方政府债务余额都严格控制在债务限额的范围
之内；另一方面，债务余额也处于不断上升之中，年均增长率达
12%。且这两年来，由于受到新冠肺炎疫情的冲击，债务增速更为明
显，接近 20%。目前地方政府债务已超越国债与政策性金融债，成
为我国债券市场的第一大债券品种。

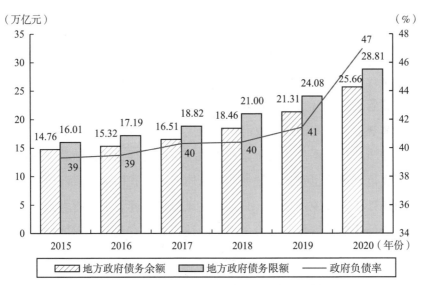

图 7 - 1　2015 ~ 2020 年我国地方政府债务情况

但不可忽视的是，地方政府债务的大幅扩张，不仅对地方财力提

出了挑战,也是对中央政府的考验。从政府债务率来看,截至 2020 年末,中央政府债务余额 28.81 万亿元,较上年增加 4.73 万亿元,占 GDP 的 20.6%,较上年增加 3.8%。地方政府债务余额 25.66 万亿元,较上年增加 4.35 万亿元,占 GDP 的 25.3%,较上年增加 3.8%,但均控制在全国人大批准的限额之内。

根据国际通行标准,地方债务"红线"一般是负债率不超过 60%、债务率不超过 80% ~ 120% 的范围。根据全国人大审议批准的一项决议,我国债务率红线标准也是不超过 100%,也就是说,地方债务余额最高不超过地方的综合财力水平。这几年来,从我国政府负债率,及中央与地方债务余额总额与 GDP 之比来看,均低于国际通行的《马斯特里赫特条约》中政府债务风险控制标准参考值 60% 的警戒线。即便是 2020 年受到新冠肺炎疫情的冲击,我国债务余额猛增,政府负债率也仅为 47%。根据国际货币基金组织(IMF)统计,2020 年发达经济体财政赤字占 GDP 的比重高达 12.7%,而新兴市场和中等收入经济体等国家的财政赤字占 GDP 的比重也均达到 10.7%;发达经济体的政府债务占 GDP 的比重更是高达 123.9%,超过"二战"末的历史最高点。因此,从我国债务整体水平而言,负债率还算稳定。目前,地方政府又在限额内依法举借,实现全部纳入预算管理和公开透明,风险总体可控。

客观上讲,我国地方政府债务的规模是逐步发展起来的,并在规范中缓步前进。不过,近年来地方债增长速度很快,伴随着发展过程的不规范,风险也在日益增加。但总体而言,我国地方政府债务规模目前还处于可控范围之内,只是潜在风险仍不容忽视。特别是个别地方政府的法定政府债务风险增加,隐性债务虽有化解,但部分区县债务压力仍不可小觑。

(三) 当前我国地方政府债务的突出问题

由此可见,目前地方政府债务存在的突出问题仍需高度重视,主要表现在：债务规模大，增长迅速，"借新还旧"现象普遍存在，且债务所对应的收益和资产少，变现能力也很差等。而这些都与之前地方政府债务的不规范行为息息相关，比如，地方人大、政府出具担保函、承诺函或安慰函等，由此发行债券，这显然不符合《预算法》和《担保法》等相关规定。还有一些融资平台公司也在违法违规举债。

值得一提的是，有些地方政府还利用目前较为时兴的 PPP 项目变相举债，如，由政府向社会资本承诺固定收益回报，或指定机构回购社会资本本金及兜底本金损失，等等。另外，利用政府投资基金变相举债的现象也不鲜见，包括：以借贷资金出资设立各类投资基金，类似 PPP 项目变相举债那样，承诺回购社会资本方投资本金、最低收益，等等。而政府购买服务变相举债有时也成为一些地方政府债务高企的手段。

综上所述，尽管我国政府负债率还远低于国际警戒线，但化解隐性债务的压力仍然较大。特别是从地方政府债务余额的分级次来看，县级和市级政府占了较大比例。虽然短期内增加债务可以缓解特殊时期财政紧缺的压力，但对未来地方财政的可持续性又提出了更大的挑战。展望"十四五"时期，多数省市的债务可持续性堪忧，粗略统计大约1/4 的省级财政 50% 以上的财政收入将用于债务的还本付息。地方政府债务问题，不仅影响了地方政府公共服务供给能力，而且累积了财政金融风险，对国家治理也是一种挑战。

二、我国地方政府债务的风险及深层次动因剖析

不可否认，这些年来的地方政府债务，在一定程度上促进了我国经济社会发展，也是中央与地方财政关系改革中出现的必然结果。但连连出现的债务规模高企，融资成本高涨，以及收支不规范，风险防

控机制不健全等，使地方政府债务风险逐年递增。这些突出问题的存在毫无疑问增加了各类风险。然而，究竟哪些行为在推波助澜，造成众多地方政府宁愿违法违规，也要在地方政府债务问题上做文章呢？并且，还在一段时间内普遍存在，似乎有法不责众之嫌。显然，这不是制度设计之初的本意。而要解决地方政府债务问题，除了一些简单的直接原因外，只有探究其深层次动因，才能从根本上厘清地方政府债务形成机理，并提出具有可操作性的政策建议，有效防范和化解地方政府债务风险。

虽然权威的公开统计数据显示的我国地方政府债务是从 2008 年开始的，但事实上，我国这些地方政府债务并非这十多年来发展的结果，而是在 30 多年的经济体制改革中逐渐积累而形成，其中既有地方政府举借和担保产生的直接债务，又有经济、社会中公共风险可能向政府转嫁而形成的或有债务，其中就包括了大部分的地方政府隐性债务。

（一）地方政府债务的风险分析

1. 地方政府债务的制度风险

随着新修订的《预算法》实施，我国地方政府举债的融资机制正在改变过去那种粗糙的模式，但也还存在落实不到位，债务管理不规范等现象，即有一定制度风险。一直以来，我国地方政府主要融资方式是以各类综合性投资公司，以土地使用权、城区开发经营权置换等，向开发企业或社会融资，而这些所谓的融资平台公司，实际上本身缺乏持续稳定的现金流，与政府关系又错综复杂，难以作为独立的市场主体，也产生不了实际收益，靠经营收入难以偿还。但由此产生的债务风险却由地方政府来承担，债务对公司而言成了软约束，对地方政府却成了真实的坏账。这种变相举债的问题也是当时制度的不健全所致。

在改革过程中，为了筹集资金，还有不少地方政府通过企业来进行举债，无形中提高了融资成本。由此，也造成我国目前地方政府债务的来源多样性，分布在多个部门，处于多头融资举债、多头管理、各自为政的状态。而新修订的《预算法》出台前，政府的债务管理权限又分散于发改委、财政、审计、人民银行等各个部门，融资决策主体、偿还主体、投资责任主体不明确，"借、用、还"等环节也相对脱钩，对债务的引进数额、项目、资金使用、债务偿还等缺少统一的规划和监督。这就使作为监管者的中央政府，很难全面地掌握地方政府债务的真实规模，也使债务负担率、债务依存度、偿债率等指标无法运用。同时，在举借和使用地方债务方面，也缺乏人大和社会真实而有效的监管，由此大大削弱了对地方政府债务风险的监控。

2. 地方政府债务的行为风险

在我国中央与地方财政分权制度下，"锦标赛效应"也会促使地方政府的经济建设热情高涨，容易出现过度举债、变相举债等资金饥渴现象，存在一定的行为风险。特别是在目前考核机制下，一些地方政府领导干部的行为偏向短期化，急于在不长的任期内表现政绩，往往有忽略其有限财力而急功近利、盲目筹资的冲动，从而不惜成本融资，用于一些所谓的"形象工程"或"政绩工程"，这就非常容易造成违规过度举债、变相举债等。

还有些地方政府不能严格执行国家的相关规定，依然为企业举债违规提供担保承诺，将 PPP、政府投资基金、政府购买服务等异化为新的违法违规举债渠道。甚至个别金融机构也在政府的担保下，热衷于设计"新产品"，规避监管，为地方政府违规举债提供支持。比如，2016 年某部委发放了专项建设基金，旨在解决重大项目资本金不足问题。并且，专项建设债券有规定的操作方式，由相关专业金融机构定向发行，由此筹集资金，建立专项建设基金，专业金融机构采用股权方式投入项目公司。其中的一些资金利用地方财政出具担保函，流向了私人企业。这种滥用政府信用的行为，会造成政府或有债务及隐性债务规模的上升，这些都无疑增加了地方政府的债务风险。

3. 地方政府债务的财务风险

近年来，地方政府普遍感觉到偿债压力较大，存在财务风险。虽然地方政府债券中的大部分可以通过再融资债券继续延期，但由于存量一直在快速增加，其偿还利息的压力正越来越大。2020 年全年的债务付息支出已经达到 9829 亿元，同比增长高达 16.4%。与此同时，国债和地方政府债券偿还期限集中在 2021～2025 年，年均到期为 2.6 万亿元和 2.8 万亿元。城投债的偿债高峰期同样集中在 2021～2025 年，年均到期 1.9 万亿元。而这几年我国地方政府在减税降费的背景下，财政收入呈现增速放缓的局面，特别是土地出让金的持续下滑，相应的偿债能力也下降较快。一些债务规模较大的地区，政府债务甚至是其财政收入的二三倍。几乎都要依靠发行新债来偿还旧债，或是利用一些"明股暗债"的变相举债行为来维系债务，其财务风险可想而知。

由此可见，我国地方政府债务蕴藏的显性和隐性的风险都不可小觑，而一旦爆发，将具有不可逆转的系统性风险，对国家治理来说是一个巨大的挑战。

（二）深层次的动因分析

和一般负债有所区别，政府债务产生的主要原因并不是所谓的"缺钱"，而是因为基础设施建设等公共品或公共服务的供给需求，由此产生的代际公平，以及政府实施宏观调控即逆周期操作而产生的债务。因此，政府债务虽存在一定风险，但基本都在可控范围内。然而，目前我国地方政府债务所面临的风险却部分来自中央与地方财政关系改革中存在的问题，以及一些其他历史和制度原因。下面，就分三个层次，具体分析我国地方政府债务存在风险的深层次动因。

1. 微观层面动因

首先，地方政府债务问题的产生与地方政府官员有着密不可分的关系。在我国目前财政分权体制下，地方政府官员面临着的考核机制呈现"短、平、快"的显著特征，那些周期短、见效快的项目更容易得到高评。因而，导致一些地方领导的政绩观扭曲，不仅缺乏统筹规划和长远考虑，而且还急于超前发展。然而，在地方财力有限的情况下，地方政府就只能通过过度举债来谋"政绩"，而远超出其合理财力范围。

与此同时，有些地方和政府审核部门对项目，尤其是过度举债来筹建的基础设施项目把关不严格，在举债之初就没有充分考量地方政府的还款能力，而是有多少上多少，造成项目的实施责任不落实。进一步加大了地方政府债务的风险。此外，地方领导对政府债务的这些违法违规行为问责不到位。不少地方政府没有落实属地管理责任，对相关人员不问责或问责力度不够。这些微观层面的动因，一步步造成了如今地方政府债务突出问题，风险也随之激增。

2. 中观层面动因

除了个人微观层面的动因，在地方政府债务风险中，一些机构也难辞其咎。如一些金融机构就起到了推波助澜的负作用，它们对这些有政府背景的项目存在"财政兜底"的幻觉，加之项目融资的规模大，利率弹性小，容易快速提升其机构的经营业绩，因此对这些项目趋之若鹜。从而，在一定程度上忽视了风险管控的要求，也没有严格按照市场化原则进行评估，违规提供融资。

还有一些国有企业，也在不规范地参与地方政府的项目建设，违法违规通过合同约定地方政府回购投资本金，保证最低收益，等等。这些企业行为也助推了地方政府的变相举债，进一步加剧了地方政府的债务风险。

3. 宏观层面动因

当然，上述微观和中观层面的原因，追根溯源还是和宏观层面的制度因素分不开，特别是财政体制和金融监管体制等。从中央与地方财政关系来看，目前我国存在中央与地方事权与支出责任不相适应的问题，地方政府承担的事权过多，而拥有的财力却不足，加之转移支付体制又还存在诸多不健全之处，使得地方政府想办事却囊中羞涩。尽管这几年改革的步伐没有停止过，但消化积累的问题需要一段很长的时间。从政府考核机制出发，地方政府又不得不去进行项目筹资。从而，地方政府债务成了为数不多的融资渠道之一。

而我国地方政府债务制度又还在逐步完善中，特别是在 2014 年新修订的《预算法》出台之前，地方政府债务无论是前期融资举债机制，还是偿债机制以及风险防范机制都不甚健全，地方政府及各相关部门又执行不力。这些效应叠加起来，势必造成债务风险的增加。

三、防范和化解我国地方政府债务 风险的机制设计

应该说，这几年来，地方政府债务问题已经引起了各方面的高度关注。特别是 2015 年新修订的《预算法》实施以来，以此为分水岭，我国相继出台了一系列的法律制度和规章文件，包括《国务院关于加强地方政府债务管理的意见》以及财政部发布的十多个关于地方政府债务的管理办法等。目前我国地方政府债务管理制度框架是基本建立起来了。

然而，由于多年来积累的地方政府债务数额庞大，化解有一定难度。今后，需要在继续落实新修订的《预算法》及其他相关文件的基础上，不断完善地方政府债务管理的各项制度措施，强化债务管

理，确保财政的可持续性，才能有效防范和化解可能出现的各类风险。鉴于此，提出以下几个机制设计方案及政策建议。

（一）规范地方政府债务管理的机制设计

1. 规范举债融资机制

健全地方政府的合法举债机制。首先，要明确地方政府在举债融资中的主体责任，严禁地方政府为任何单位和个人的债务以任何方式提供担保，构建地方政府债务管理法律和制度体系。其次，合理确定一般债务限额。各地方政府应在批准的限额内发行债券，规范举债方式，切断违法违规举债的渠道，明确新增债券资金用途，不得用于经常性支出，严格控制债务增长。这里需要特别指出的是，坚决遏制隐性债务增量，管控好新增的项目融资阀门，严禁违规为地方政府变相举债。最后，完善各项专项债务限额机制，适度增加此类限额，支持有一定收益的公益性项目。发行和稳步推进收益和融资自求平衡的专项债券。比如，进一步打造有中国特色的"市政项目债"，从而适应不同地区的经济社会发展需要。截至 2021 年 10 月，地方政府专项债余额已达 15.9 万亿元，超过一般债余额的 13.8 万亿元。由于专项债收益持续下降，最终仍需要靠财政资金偿还，成为事实上的一般债，有必要实事求是地通过一般债让风险显性化，将专项债部分额度转化为一般债额度纳入赤字。由此，真正开好合法合规举债的大门。

2. 不断完善偿债机制

随着地方政府债务余额逐年增加，偿还利息的压力也越来越大。新修订的《预算法》和国务院有关文件中规定了，要坚持用财政预算资金偿还存量债务。同时，厘清融资平台公司等企业债务和政府债务的边界，必要时还可处置政府资产。并且，需要督促地方强化限额管理和预算管理，继续采用债务置换方式优化期限结构，加快存量政府债务的置换步伐，积极降低存量债务利息负担。

以 2018 年地方政府债务置换收官之年的操作为例，当时就是利用多渠道多方位做好债务置换，包括鼓励地方将有一定收益的公益性事业投资和运营项目，通过 PPP 模式进行改造，采用多种形式化解政府债务，如依法注入优质资产、提高项目盈利能力等。同时，对大量难以统计的隐性债务，也要积极稳妥地化解其存量，盘活资金资产。包括建立市场化、法制化的债务违约处置机制、鼓励地方政府合法合规增信、清理整改违法违规行为等，从而防范"处置风险的风险"。

总之，要确保地方政府债务偿还的资金来源，并切实落实到具体项目上。还要注意防止软预算约束及道德风险问题，强化硬化地方政府的预算约束，明确地方政府的最终偿还责任，避免中央政府成为最后的救助人。

3. 加强债务考核问责制和惩罚机制

建立地方政府债务的考核问责制和惩罚机制，加强财政资源的统筹，加大监督和审计力度，减少行为风险的发生。防范化解地方政府隐性债务，避免出现系统性风险，落实"地方党政主要领导负责的财政金融风险处置机制"。具体而言，一是，加强人大对政府债务的审查监督，加大对地方政府违法违规的问责追责，以及监督检查力度和惩处力度。二是，加强监督问责机制，如建立跨部门联合监管，明确各部门的主体责任落实，包括地方政府、各个中介机构及融资平台公司等，研究问责办法，依法依规查处问责，对地方政府债务做到终身问责，倒查责任。三是，完善地方党政领导干部的政绩考核体系，逐步把政府债务作为一个指标纳入政绩考核，从而引导形成合理的政绩导向。

这方面工作也已迈出了坚实的步伐。2014 年 10 月就曾印发《国务院关于加强地方政府性债务管理的意见》，提出对脱离实际过度举债、违法违规举债或担保、违规使用债务资金、恶意逃废债务等行为，要追究相关责任人责任。并且，实质性的问责从 2017 年正式开始，当年，中央部门开始严查地方违法违规举债现象。根据财政部通报，对违法违规担保负有直接责任某市区财政局局长予以行政撤职处分，首开违规举债问责先河，并通过审计署和财政部进行披露。2018年 8 月，国务院办公厅印发《地方政府隐性债务问责办法》，进一步完善了问责机制，对地方政府违规举债的问责更加有据可循，使得政府官员"终身问责、倒查责任"机制得到强化，压实了地方政府在债务中的责任。这些都对遏制隐性债务增量、存量债务化解等产生较大影响。

（二）完善地方政府债务风险防范的机制设计

1. 加强地方政府债务风险评估机制

健全地方政府债务风险防范机制，首要任务就要切实厘清各地区的债务情况。2021 年初，中央就强调，在"十四五"时期要持续完善法定债务管理和地方政府债务风险评估指标体系。而对地方政府债务风险进行精准量化的统计分析是度量风险的基础。目前，国际上公认的衡量政府债务率的指标一般是债务率，这一指标最初用于衡量一国的外债比例，应用于国内地方政府的债务上，则是用年度债务余额和地方综合财力之比，反映地方政府的偿债能力。其中，地方综合财力一般指，一般公共预算收入和政府性基金预算收入以及上级补助收入之和，再减去"上解支出"。国际货币基金组织确定的债务率控制标准参考值为 90% ~ 150%。我国也遵循这一惯例，基本将债务率不超过 100% 作为地方政府债务整体风险的警戒线。换言之，地方政府债务余额最高不超过地方的综合财力水平。

同时，还有债务负担率，即年度债务余额和 GDP 之比，这是从国民经济的总体和全局角度考察债务数量的界限，反映了经济总规模对政府债务的承载能力。国际上通常以《马斯特里赫特条约》规定的负债率60%作为政府债务风险控制标准参考值，即认为政府债务负担率超过60%就较为危险。此外，还有偿债率，即偿还债务本息额和当年综合财力的比值，警戒线一般是20%。综上所述，度量政府债务风险的一些常用指标如表7-4所示。

表7-4　　　　　　　度量政府债务风险的常用指标

指标	基本公式	含义	风险警戒值
债务率	年末债务余额/当年综合财力	反映政府偿债能力	90%～150%
债务负担率	年末债务余额/国内生产总值	反映了经济总规模对政府债务的承载能力	60%
债务依存度	债务发行额/财政支出	反映一国财政支出中有多少是依靠举借债务实现的，即财政支出对债务收入的依赖程度	国家财政债务依存度为15%～20%，中央财政债务依存度为25%～30%
偿债率	当年偿还债务本息/当年综合财力	反映了当年财政收入中用于偿还债务的部分所占的份额，该指标越高，说明偿债能力越弱	一般国家警戒线为20%，发展中国家为25%，危险线为30%
逾期债务率	年末逾期债务额/年末债务总余额	反映了当年逾期债务的占比，该指标较高表明政府已出现偿债困难，存在较高风险	暂无
借新还旧偿债率	举借新债偿还的债务本金/当年偿还债务本金	反映了政府对举借新债偿还债务的依赖程度，该指标越高，偿债风险较高	
新增债务率指标	当年新增债务额/上年末债务余额	反映了地方债务增长速度	

注：当年地方综合财力一般是指：一般公共预算收入＋中央对地方一般公共预算转移支付—地方一般公共预算上解＋政府性基金预算收入＋中央对地方政府性基金预算转移支付—地方政府性基金预算上解。
资料来源：笔者根据相关材料整理而得。

2014年新修订的《预算法》通过后，我国各级政府也相继出台"政府债务风险评估和预警办法"，以债务率作为主要指标，新增债务率、偿债率、逾期债务率等作为辅助指标。当然，在实际测算中，有时也会综合运用这些相关指标，尤其是其中的很多指标初衷是针对国家债务而设置的，即包括中央和地方政府债务在内的全部债务，而仅仅就地方政府债务而言，很多风险评估指标还需要考虑到一些实际情况。换言之，在精准的定量分析基础上，需要结合更多的定性分析综合运用，从而更加全面、准确地对地区的真实债务风险状况做出客观判断，为后续风险机制设计打下良好基础。

2. 完善地方政府债务风险预警机制

地方政府债务风险预警是指通过现实存在的各种债务风险进行识别，分别进行定性与定量分析，依据已确定的风险控制标准，对出现问题的部门与机构发出警告，提出相应的纠正与化解措施，实现地方政府可持续融资同时债务风险最小化。从各国实践来看，地方政府债务风险预警方式有两类：一类是利用地方财政监测系统对地方财政安全状况进行监测，以防止债务危机发生，如，美国俄亥俄州模式；另一类是通过限制地方政府债务风险指标方式来控制债务规模，如，哥伦比亚的"红绿灯"预警系统。由于我国地方财政监测系统没有完全建立起来，基于现实考虑，可借鉴哥伦比亚的"红绿灯"预警系统建立我国地方政府债务风险预警机制。

比如，应针对不同地区的具体特点，选择恰当的预警临界值。对一些经济实力和抗风险能力较强的地区，其预警临界值就可设置得高一些，以免发生"虚警"现象；而对一些经济实力和抗风险能力都较弱的地区，预警临界值可设置得稍低一些，否则会导致"遇警不报"的错误。对高风险债务区，要采取积极措施，督促地方政府制定中长期债务风险调整方案，通过诸如控制项目规模、处置存量资产、PPP等多渠道逐步降低债务风险，使其达到警戒线之内。对低风险债务区，则要合理控制增长规范和速度，激励地方政府继续做好债务风险管理。

实践中，以新修订的《预算法》通过和 2014 年《国务院关于加强地方政府性债务管理的意见》出台为标志，"修明渠，堵暗道"的地方政府性债务管理制度的正式确立，政府债务风险评估和预警体系也在逐步确立中。2020 年新修订的《预算法实施条例》第四十七条中也提出，"应当建立健全地方政府债务风险评估指标体系，组织评估地方政府债务风险状况，对债务高风险地区提出预警，并监督化解债务风险"。近年来，全国各个省、市、县三级政府也都相继出台了《政府债务风险评估和预警暂行办法》，制定风险评估及预警指标体系。虽然在细节上略有差异，但基本原则和思路几乎一致。指标体系中也都以债务率作为主要指标，新增债务率、偿债率、逾期债务率等作为辅助指标，同时将各分项风险指标加权求和，计算政府债务综合风险率。

不过，对其中债务率和偿债率指标的口径有所调整。比如，有的地区将债务率分子对债务余额按债务年限作了平均化处理，分母则使用一般公共预算（或政府性基金预算）可偿债财力的概念，即地方财力扣除保工资、保运转等刚性支出后的剩余部分；偿债率的分子则调整为债务还本支出，分母则是预算支出与还本支出之和，反映政府当期财政支出中用于偿还债务本金的比重。且对综合风险率高于（含）100%，或一般债务率、专项债务率两项同时高于（含）100%的区域，列入风险预警名单；综合风险率低于 100%，但高于（含）80%，或一般债务率、专项债务率有一项高于（含）100%的区域，列入风险提示名单。前者需要统筹预算财力和结余资金，将基本支出和必保民生支出外的所有财政资金优先用于偿还债务；后者则需要提出有针对性的风险防控方案。

不少地方政府还根据财政部下发的《地方政府法定债务风险评估和预警办法》，依据法定债务率指标，从高到低设置红、橙、黄、绿四个风险等级档次。这些实践上的探索尝试为今后不断完善地方政府法定债务监管制度提供了坚实的基础。

3. 设立地方政府债务风险应急处置机制

同时，各级地方政府还需要制定应急处置预案，建立责任追究机制。一旦遇到难以偿还的情况，及时上报，严控风险，并追究相关人员责任。此外，还要注意防范财政与金融风险的相互转化，金融机构需合规审慎经营，切实注意风险控制，加强两种政策的协调配合，坚决守住不发生系统性风险的底线。

（三）健全地方政府债务的长效配套机制

1. 建立地方政府债务公开透明机制

建立地方政府债务公开透明机制，化解因信息不对称引起的制度风险。全面构建纵横交错的立体式债务监督体系。加强省级人大和市县级人大对同级政府举债的审批监督，同时，各地还要自觉接受社会监督，定期向社会公开政府性债务及其项目建设情况。加强市场监督，明确地方政府举债的市场化原则，加快建立地方政府信用评级制。

2021 年 4 月，《国务院关于进一步深化预算管理制度改革的意见》中也明确指出，鼓励地方结合项目偿债收入情况，建立政府偿债备付金制度。健全地方政府债务信息公开及债券信息披露机制，发挥全国统一的地方政府债务信息公开平台作用，全面覆盖债券参与主体和机构，打通地方政府债券管理全链条，促进形成市场化融资自律约束机制。

2. 推进融资平台公司市场化转型

推进融资平台公司市场化转型，降低债务机制风险。划清政府与企业的举债责任界限，并逐步剥离融资平台公司的政府融资职能，规定其不得新增政府债务，发改委早已明确融资平台公司新发行的企业债券不得与地方政府债务率、财政收入等指标挂钩，实现与政府信用的隔离，并不再受理空壳类融资平台公司的发债申请。

而在平台公司的转型过程中，也要充分发挥市场约束作用，完善市场化退出和重组机制，做好存量债务处置等工作。对空壳类公司坚决关闭；对实体类公司按照市场化原则融资和偿债。严禁财政资金为融资平台公司市场化融资买单。政府仅在出资范围内履行出资人职责，或依法承担约定责任。消除政府隐性担保，实现风险内部化。同时，完善市场化退出和重组机制，阻断风险传导。最终，让融资平台公司建立起现代企业制度，成为自我约束、自我发展的市场化主体。

3. 深化财税体制改革

事实上，地方政府债务风险防范最根本的还是要建立起真正的现代财税制度。目前，我国地方政府庞大的事权与有限的支出责任是造成债务风险的制度性原因，应尽快建立起两者相适应的财政体制，并运用转移支付等财政手段均衡各地的财力。从而，在制度层面消除地方政府不合理的财政压力，努力降低债务风险。而这也正是本书研究的重点，即优化中央与地方财政关系改革，相关内容贯彻全书。此外，除了最为关键的财政体制，还需要深化投融资体制改革，深化金融改革，为促进市场融资自律机制形成提供良好的基础。由此形成合力，最终建立起完善的地方政府债务长效管理机制。

第八章

国家治理视角下优化我国中央与地方
财政关系的政策建议

  中央与地方财政关系改革是一项复杂的制度创新工程，关乎社会经济的发展，而我国中央与地方财政关系长期处于动态变化中，稳定是前提，调整也必不可少。目前对于国家治理的框架还在不断探索和完善之中，在此基础上，进行中央与地方财政关系改革具有一定的难度，但从改革开放 40 多年的经验和目前情况来看，这一领域也是非改革不行。2014 年，中共中央政治局审议通过了《深化财税体制改革总体方案》，明确提出"深化财税体制改革的目标是，建立统一完整、法治规范、公开透明、运行高效，有利于优化资源配置、维护市场统一、促进社会公平、实现国家长治久安的可持续的现代财政制度"，并对改进预算管理制度、深化税收制度改革、调整中央与地方政府间财政关系三个方面分别进行了部署。这也标志着新一轮财税体制改革的正式启动。党的十九大报告中又进一步细化，对中央与地方财政关系提出了具体要求，即"加快建立现代财政制度，建立权责清晰、财力协调、区域均衡的中央和地方财政关系"，这为中央与地方财政关系改革指明了方向，明晰了道路。

  在本书前面的章节中，从国家治理的视角，用理论和实证研究，全面阐述与分析了目前我国中央与地方财政关系改革中的各个重要方面，包括其中的一些传导机制、机理分析以及部分政策建议。可以说，自党的十八大以来，我国新一轮的财税体制改革已在稳步推进中取得显著进展，特别是中央与地方财政关系的改革，与以往多次财政体制改革，甚至包括与 1994 年的分税制改革相比，都有了明显的区别。它是在全面深化改革的背景下实施的，从国家治理的视角来看，中央给予这次改革从未有过的关注，不仅从顶层设计和理念上都相比之前有所不同，而且作为全面深化改革的重要组成部分，这次中央与地方财政关系改革已然成为了国家治理的基础性制度安排，可以说，是一次具有系统性创新的制度改革。并且，展望"十四五"期间，中央与地方财政关系也还将处于不断深化和完善中，以助力国家治理现代化建设。由此，在本章中，还将继续就未涉及的相关问题，提出几点政策建议。

一、明确中央与地方财政关系的定位与基本思路

对于我国这样多层级大国而言，中央与地方关系事关国家的长治久安，而财政关系又处于基础和核心的地位，尤其对现代化国家而言，中央与地方财政关系更是牵一发而动全身，具有高度的复杂性和综合性。尽管在新一轮财税体制改革中，已经在顶层设计上取得了一定的突破，如，党的十八届三中全会，就将财政提高到了国家治理层面，将其定位为"国家治理的基础和重要支柱"，这是对财政前所未有的重视。实践中，这些年来中央与地方财政关系也在不断推进中，推出了很多改革新措施。不过，就现实而言，还是存在不少亟待解决的瓶颈性问题。

（一）中央与地方财政关系改革的整体性

不可否认的是，长期以来，我国中央与地方财政关系改革都被独

立看待，虽然从国家治理角度看，它是最为重要的组成部分，也是政府行为最为核心的表现，和诸多变量息息相关，但在进行相关改革时，却一直缺乏综合审视的视角，也没有顶层设计的系统性思维。因此，从国家治理视角研究中央与地方财政关系，厘清变量之间的传导机制，对深化改革非常必要。但目前改革的整体观还不够到位，更多时候，中央与地方财政关系仅仅被当成财政相关部门的工作，而不是作为国家治理的基础和重要支柱，呈现出"头重脚轻"的局面，由此很难去解决一些基础性的问题。从近期发布的诸多领域，关于中央与地方财政事权和支出责任改革方案可见一斑，其只强调了"财政事权"，并没有就大范围内的事权提出方案。但事实上，财政是嵌入到政府的各个部门之中，从中央到地方，从大部委到小单位，只有从整体性、全局性视角来看待中央与地方财政关系，才有可能让改革持续顺利地推进。如果仅仅将改革的视角限于财政范围内，再推广下去，其实很难体现财政作为国家治理的基础和重要支柱的地位。当然，以财政事权作为切入口是可行的，但进一步推进则需更宽广的视角，加强对其全局性的认识，才有可能取得稳定的成效。

因此，改变对中央与地方财政关系改革的认识，需加强整体观。从顶层设计开始，各级政府都需形成共识，为推进中央与地方财政关系改革，以及建设现代化财税体系奠定良好的基础理念，这对国家治理也大有裨益。

（二）中央与地方财政关系改革的协调性

中央与地方财政关系改革不仅是经济领域一项十分重要的内容，也是整个社会、政治、生态等各个领域改革的基础，它们相互交织在一起，共同发挥作用。因此，这就需要全社会力量的共同参与。党的十八届三中全会后，我国财税领域改革措施和相关文件层出不穷，其中几乎都或多或少涉及中央与地方财政关系。但由于很多方案的出台和制定，并未得到政府其他部门或社会的广泛参与，因而，社会整体参与度并不高，认识也有限，推广起来存在一定难度。这就使得中央与地方财政关系改革与其他社会改革的互动性降低，协调性也不足。从国家治理视角看，中央与地方财政关系改革的推进，亟须其他改革的配套进行才能发挥实际的效果。因此，下一步，从协调性上看，中央与地方财政关系改革更要注重与其他领域的配合，并逐步渗透到政治、文化、社会、生态等方面。从而，使得财政真正成为国家治理的基础和重要支撑。

（三）中央与地方财政关系改革理论与实践的统一性

中央与地方财政关系改革需要理论与实践的接轨。自从新一轮财税体制改革以来，中央密集出台了一系列改革的政策文件，涉及中央与地方财政预算、税收等方方面面。但由于这些步骤是根据计划来的，再由地方实施，从而显得与实际有些脱节，后续跟踪欠佳，呈现出计划和实践两张皮的现象，或者说"雷声大雨点小"。有些仅是政策上的改进，实际中并未真正落实到位。仅仅看出台的那些政策文件，会以为我国中央与地方财政关系改革已经基本完成，但现实远未达到文件所说的效果。因此，今后对涉及中央与地方财政关系改革的文件出台，建议一方面，需要做好充分的调研，根据实际情况来制定相关问卷，尽可能多地收集地方建议，并作出客观评价；另一方面，在文件实施阶段也应做相应的评估，看政策的效果到底如何，从而动态化调整一些相关政策，以期达到合理的预期效果。

二、优化中央与地方财政关系的具体措施

针对中央与地方财政关系改革具体领域的政策建议，在前述章节中也有不少相关论述，特别是从国家治理的视角，对事权与支出责任

的划分、转移支付制度以及防范和化解地方政府债务风险等提出了相应的政策建议。因此，在这里仅对其他还没有涉及的一些领域提出具体机制设计方案，或对之前提出的一些政策建议进行补充。

鉴于目前财税体制改革的现状，中央与地方财政关系改革正在进行中，而预算改革早已先行，税制改革也在随行，且从国家治理现代化的角度来看，它们两者均和中央与地方财政关系改革密不可分。因此，重点针对这两个领域的改革提出一些具体的机制设计方案，两者均是中央与地方财政关系改革的重要内容。

（一）不断完善中央与地方的预算制度改革

预算体现了国家战略和政策，反映了政府的活动范围和方向，是推进国家治理体系和治理能力现代化的重要支撑。一直以来，预算制度改革就是整个财税体制改革中最为先行的一部分。近些年来，也取得了很多实质性进展，包括预算公开制度常态化、预算统筹力度加大等。并且，2015 年开始实施了新修改的《预算法》和 2020 年开始实施新修订的《预算法实施条例》。可以说，预算制度改革取得显著成效。但从国家治理角度看，中央与地方预算制度仍存在一些顽固性问题，面临众多挑战，如，预算管理制度不够全面系统，"四本预算"的统筹尚不到位，预算约束机制不够完善等。

党的十九届五中全会对预算制度改革提出了新的更高要求："深化预算管理制度改革，强化对预算编制的宏观指导。推进财政支出标准化，强化预算约束和绩效管理"。2021 年 4 月国务院还印发了《关于进一步深化预算管理制度改革的意见》。这些都为进一步深化预算制度改革指明了方向、提供了遵循。下面就从中央与地方财政关系上，对进一步深化预算制度改革提出一些政策建议和机制设计方案。

1. 进一步理顺预算权，明确中央对预算的决策

预算的本质是政治，它是一个分配决策的过程。预算管理要讲政

治，政治正确是预算正确的前提。因此，要牢牢把握正确的政治方向，以人民利益作为根本诉求和衡量标准，这是预算制度改革的根本所在。深化预算管理制度改革，首先就必须要坚持和加强党的领导，坚持以人民为中心，强化中央对预算的宏观指导，重视预算对重大决策的财力保障作用，并使预算能更好地体现和落实党中央的重大战略决策部署。

而理顺预算权，则是理顺中央与地方财政关系改革的重要一环，和国家治理结构息息相关。从国家治理角度看，对预算的立法已较为完善，但落实上还需进一步加强。目前我国的预算管理还存在聚焦支持重大战略任务不够，预算决策程序不够规范，以及中央与地方协调性需进一步完善等问题。而财政作为国家治理的基础和重要支柱，必须进一步增强以"政"为基础，"财"为手段的意识，强化对预算编制的宏观指导。我国的预算制度改革，由党的最高领导机关发布实施意见，动员地方各级政府全面参与。下一步预算改革，仍要继续坚决落实党中央的重大部署，聚焦社会经济发展的重大问题，推动国家重大战略、重点改革和发展规划落实落地，并将好的做法固化、规范化和制度化。此外，还要不断完善预算的决策机制和程序，明确要求地方各级预算、决算草案提请本级人大或其常委会审查前，要报本部门党组（党委）审议，这是加强党对经济工作领导的重要内容和具体体现，不断增强各部门单位的预算意识，继续统筹部门间的预算权力划分，真正实现预算的完整性、规范性及科学性。使预算这一国家治理的基础和重要工具，同时也成为规范中央和地方政府财权关系及权力的一个载体。

2. 完善全面预算体系，加大中央与地方的预算统筹

理论上，无论中央，还是地方政府的收支都必须全部纳入预算，进入预算程序，接受预算的约束和监督。但目前我国仍有相当规模的政府或部门收入游离于预算管理之外，这样不利于各级政府统筹用好

各类公共资源，而且也很难增强预算的全面统筹保障作用。因此，下一步改革还要继续强调，预算编制"四本账"的全覆盖，即所有财政性资金，无论是一般公共预算，还是政府性基金预算、国有资本经营预算以及社会保险基金预算等四本预算，都要纳入预算管理制度中。新修订的《预算法》中，虽然明确了"四本预算各自的编制要求，提出加大统筹力度，建立有机衔接的预算管理体系"，但从操作层面来看，标准各异，缺乏有机衔接。无论是中央，还是地方政府，以及各个部门的各类收支都要进行预算管理，注重相互之间的统筹衔接，并强调不得随意安排未纳入预算的收支，真正做到"无预算、不支出""先有项目再安排预算"以及"资金跟着项目走"等。

同时，还要盘活各类国有资产，主要是针对中央和地方政府的各类存量资源进行管理，建立健全预算管理与资产管理的有机衔接机制，使新增资产配置管理能够嵌入预算管理的全流程之中。从登记和核算开始，到购置、使用和处置等环节，逐步完整地反映存量资产，并加强存量资产信息在预算编制管理中的应用，推动国有资源的共享共用，提高财政资源配置效益。从而，使得预算真正覆盖到各级政府的所有财政活动。最终形成全面的中央与地方预算体系，增强预算的系统性，发挥其对政府性资源的统筹协调作用。

3. 不断创新预算管理措施，加强中央与地方的预算协调

虽然我国《预算法》规定，政府全部收支都应当纳入预算，各级政府、部门、单位的支出也必须按照预算执行，但实际中，预算管理却仍存在控制偏软、约束力不强等问题。如未按照"以收定支"原则编制政府预算，预算支出没有硬化的约束机制等。特别是目前中央与地方，以及各个层级政府的预算衔接还不够顺畅，导致上下级政府编制的预算脱节，不能编制真实准确的总预算，也无法汇总形成全国预算。此外，预算编制与实际执行之间还存在脱节，年底突击花钱等现象频发，造成预算难以具备应有的权威性和严肃性。因此，今后

要进一步增强预算的控制力，硬化预算对支出的约束，这是政策落实到位的必要保障，也是国家治理体系和治理能力现代化的重要体现，有三个亟待完善和推进的重点改革措施。

一是，实施预算项目的全生命周期管理。加强项目库管理，将其作为预算管理的基本单位，形成预算全过程的管理闭环，从预算项目的编制、执行及形成决算和资产情况，到评估及应用等各个阶段，都需在预算管理制度框架内进行。同时，下一周期的预算也理应被考虑在内，健全和完善跨年度预算平衡机制，从而逐渐形成中长期预算制度。这里需要强调的是，对政府债券，特别是专项债等项目，也要进行全生命周期的管理，加强其风险防控。

二是，继续切实推进预算绩效管理，完善绩效指标体系，提升财政资金的使用效率。立足目前新发展阶段，尤其要增强财政政策的可行性和可持续性，重视财政政策的绩效，加强绩效目标审核。绩效应是预算的本质要求，也应融入预算管理之中，逐步将绩效管理范围覆盖所有预算资金，建立健全绩效问责机制，使绩效管理作为国家治理的有效工具，提升公共服务的质量和水平。这不仅有利于树立政府的公信力，也能硬化政府的责任约束机制，长期看还能促进形成基于绩效管理的预算模式，从而全面提升财政资源的配置效率。同时，预算绩效管理还要注重绩效的结果应用，将预算绩效管理与预算管理全流程深度融合，不断优化项目设置，提高整个财政政策的实施和管理水平。

三是，推进支出标准系统建设，将其作为预算编制的基本依据，从而进一步规范各级政府的行为，推动国家治理能力和治理体系现代化。当前我国预算支出标准体系还无法满足科学编制预算的要求，达不到建立完善标准科学的预算制度的要求。今后，要建立国家基础标准和地方标准相结合的基本公共服务保障标准体系，运用科学合理的方式制定支出标准，并将其作为预算编制的基本依据，由此也可"倒逼"各级政府系统性地梳理其各类行为，有利于政府转变职能和行为模式，并逐步集中到公共服务供给等领域，进一步提高预算的科学性。

4. 加快推进预算信息共享，实现中央与地方预算一体化建设

预算一体化建设就是以信息化手段，支撑完善预算制度，实现预算管理的现代化和制度化。一直以来，我国预算都存在各级财政预算过于分散化的问题，从业务规则、数据管理到信息系统都不统一，财政信息系统还不够支撑中央与地方预算一体化建设，也谈不上预算的现代化，从而难以发挥合力。要解决这些零散预算，实现预算一体化建设，就要从之前单项预算制度的改革过渡到系统化的综合性预算改革，从预算制度上的修修补补到一体化建设，实现中央与地方各级各部门预算环节的有效衔接。而推进预算管理一体化建设，也是提高国家治理体系和治理能力现代化的有效途径。

今后，除了继续加快推进预算管理一体化系统的建设和推广，统一各类管理要素、系统技术标准等之外，还要特别注重推进地方一体化系统与中央财政系统的信息贯通，尤其是转移支付的动态追踪和效率考察，建立起完善的全覆盖全链条的转移支付资金监控机制。此外，还要不断规范政府、单位及部门间的预算流程衔接，推进预算信息的互联共享。同时，建立健全政府上下级预算的衔接机制，实现逐级汇总编制真实完整的全国预算，实时动态反映全国预算资源的分配、拨付、使用情况等。由此，将有效地全面规范预算管理，硬化预算约束，实现部门预算信息的互联共享，充分发挥预算本身就具备的发现以及实现社会公平和公正的作用。

与此同时，在一体化建设中，还要注意预算的公开，继续推动中央和地方预决算集中公开平台的规范化建设、中央和地方项目库的建设等。特别是要选择社会关注度高、与民生领域密切相关的重大项目支出进行公开。并且，加快推动省级政府发挥带头作用，对省级以下

各级政府也应逐步建立和完善相应的预算制度。从而，增强市县政府的主动公开意识，依法依规公开本级政府的预决算，强化主体责任。当然，也要加强上级政府对其指导和监督。

总之，预算改革是中央与地方财政关系改革的起点，预算现代化也是国家治理现代化的基础。预算管理制度改革起步早，但却可能没有终点，因为其本身就是中央与地方政府不断加深自我认识和自我完善的过程。而在这一过程中，只有不断探索和改革，才能逐渐构建起与高质量发展相适应的预算管理制度，形成现代化中央与地方财政关系，最终形成具有中国特色的现代财税制度。

（二）进一步深化中央与地方收入关系改革

在 1994 年分税制改革中，就对中央与地方收入划分有了较为明确而详细的规定，但由于当时事权划分还不甚清晰，造成了之后中央与地方事权、财权以及相应的财力和支出责任等方面的不匹配，并带来了诸多问题，包括地方政府债务风险、土地财政等。之后虽然也经历过几次大的调整，如 2002 年所得税分享改革，将原来按照企业隶属关系划分的中央与地方所得税收入办法，改为中央与地方按比例分享等。但这些税收改革的步伐一直不够大，属于对中央与地方收入关系零打碎敲的修补，而并非系统性变革。对于地方财政收入的划分，也始终未能有较好的解决方案。尤其是近年来在大规模减税降费的背景下，地方政府收入再次受到严峻考验。

从本质上看，分税制实质上是一级政府拥有一级税权，从而才能负担起相应的责任。而目前我国地方政府并没有被赋予税收立法、税基确定以及税率选择等方面的权力。所以，地方政府的收入，或者说税收收入，实际上还是以税收返还的形式而获得，这其实在广义上仍属于政府间的转移支付，还不能算地方政府稳定而持续的可控收入，也容易造成地方政府非税收入和债务规模的扩大，更谈不上成为现代化国家治理的良好财政手段。而要使地方政府既能自主运作，又能配合中央财政的运作，就需要从构建健全的地方收入体系着手。

而相对于财政事权与支出责任划分改革的有序推进，中央与地方财政收入划分的改革推进一直较为缓慢，特别是2016年"营改增"全面实施后，为进一步配合财政事权与支出责任改革，中央与地方收入划分改革必须要加快推行，而这也自然成为今后收入划分改革的重点。党的十八届三中全会提出，"保持现有中央和地方财力格局总体稳定，结合税制改革，考虑税种属性，进一步理顺中央和地方收入划分"。下一步收入改革的重点将是以稳定中央与地方收入为前提，调整收入划分，构建起地方收入体系。由此，从国家治理的角度，对中央与地方收入划分的改革，提出三点政策建议。

1. 规范中央与地方的非税收入

理论上，所有的政府性资源都应纳入中央与地方收入划分的范围。然而，除了税收这一政府收入的主要形式外，目前我国还存在大量的非税收入，包括一些行政事业费等，而且占比还不低。这就需要在理顺税费关系的基础上，规范化管理非税收入，针对不同类别，实施分类改革措施，真正做到正本清源，归位管理。

对于之前的没有纳入预算管理的收费，即通常所说的乱收费、乱罚款、乱摊派等非法收入，应坚决予以取缔。而对那些合理合规的行政管理收费，如正常的服务费、停车费等，则应全部纳入中央与地方政府的预算。但要排除那些本就应属于政府正常管理职能，却又另外收费的项目。还有一些政府性基金和附加收入，可以由"费改税"，纳入现行税种或开征新税种，以进一步规范非税收入。比如，随着《中华人民共和国环境保护税法》的实施，逐渐将之前环保部门的排污费以及污水处理费等统一改为"环境保护税"；将地方用于城市建设的收费、基金附加等合并到"城市建设维护税"中等。另外，将来还可以考虑开征"社会保障税"，将分散在劳动、民政、人事、卫生等部门的社会保障基金与资金统一起来，以税的形式加以管理。

当然，健全中央转移支付制度也是健全地方收入体系的重要组成部分，这在前面相关章节中有过详细论述。从长远看，制度化、规范化的一般性转移支付应当成为地方收入的重要组成部分，从而平衡各地财政收入，有利于地方政府完善治理。同时，规范地方债和PPP等一些"隐性"收入，并将这些全部纳入预算统一管理。

2. 不断完善地方税体系

中央与地方收入中占比最大和最为关键的还是税收，而我国地方税体系建设不够完善，深化财税体制改革就要在地方税体系上进行重点突破。地方税体系主要指以服务于地方政府职能履行、地方经济发展、区域性社会福利改善等为目标的税收体系，既包括地方税，也包括中央与地方共享税。通常而言，中央与地方税种的划分，需结合整体税制改革，考虑税种的属性，将收入波动较大、具有较强再分配作用、税基分布不均衡、税基流动性较大的税种划为中央税，或中央分成的比例多一些；同时，将地方可以掌握信息比较充分、对本地资源配置影响较大、税基相对稳定的税种，划为地方税。目前，我国地方税基本按照1994年分税制改革后所确定的范围，主要包括：地方企业所得税（不含上述地方银行和外资银行及非银行金融企业所得税）、城镇土地使用税、固定资产投资方向调节税、城市维护建设税（不含铁道部门、各银行总行、各保险总公司集中缴纳的部分）、房产税、车船使用税、印花税、屠宰税、农牧业税、农业特产税、耕地占用税、契税、遗产和赠予税以及土地增值税等。而中央与地方共享税则有①：增值税、所得税和资源税等。

从2013年起，我国就逐步明确了税改的总方向，即"深化税制改革、完善地方税体系、逐步提高直接税的比重"。党的十九大报告

---

① 如果将证券交易印花税视作证券交易税的话，从2016年起，该税由以前中央与地方按97∶3比例分享全部调整为中央收入，则证券交易税退出共享税行列，成为中央税。

也明确指出，"要深化税收制度改革，健全地方税体系"。2016年全面"营改增"后，属于地方税的营业税被增值税所取代，而增值税成为我国目前规模最大的税种，这也标志着这一共享税的规模扩大了。而单独的地方税规模则有所减少，这势必会影响到我国中央与地方收入划分的基础。因此，这里先从共享税着手，再到地方税，重点分析几个税种的改革，从而探究我国地方税体系下一步的改革之路。

（1）增值税和消费税。

2016年我国完成了20年来规模最大的一次税制改革，即"营改增"，作为最主要的共享税，增值税对中央与地方收入格局的影响巨大。在2016年全面推进"营改增"之前，中央与地方的增值税分配比例是3∶1；改革后，作为地方主体税种的营业税不复存在，主体税种的缺位急需一些有效措施解决。因此，在2016年《国务院关于印发全面推开营改增试点后调整中央与地方增值税收入划分过渡方案的通知》中，提出中央与地方"五五分享"增值税收入的方案。到2019年9月中央发布的《实施更大规模减税降费后调整中央与地方收入划分改革推进方案》中，再次明确了该比例不变。由此，进一步稳定了地方预期和收入。但这也说明健全地方税体系是一个亟待解决的问题。

因为从增值税的属性上看，它一定程度上存在税源与税收背离的情况，即，增值税是以商品（含应税劳务）在流转过程中产生的增值额作为计税依据而征收的，生产、流通过程中增值额越多，缴纳的税收就越多。虽然增值税的最终负担者是消费者，但这种缴税人与赋税人之间的分离，在增值税实行中央与地方共享的情况下，导致不同地区间税收分享比例不同。换言之，一个地区所分享得到的增值税额并不完全是由本地区居民所承担的税负，从而导致增值税税收与税源间的背离。因此，今后增值税改革的方向要考虑消费地的因素，避免地方政府为获得更多的增值税收入而过度关注工业发展的弊端，并改变目前按来源分享增值税的状况。或者更长远来看，要降低增值税率，进而考虑在合适的时候改为中央税，同时允许地方在不超过原增值税分享额度内开征其他税种，如在零售环节的消费税等。

而针对现有的消费税，在 2019 年中央与地方收入划分改革方案中也明确提到，将目前属于中央税种的消费税后移征收环节，并稳步下划给地方。这与我国一直强调的要培育和完善地方主体税种的目标一致。因为我国现有的几个主体税都是中央税或共享税，地方并没有主体税种。而在此之前，我国消费税大多在生产环节进行征收，比如烟、酒等。今后，则需要将消费税征收放到零售批发的环节，这样一来，税收就与当地消费真实地挂起钩。由此，再将它逐步纳入地方主体税种就更顺理成章，构建以消费为税基的地方税种，逐步调整税制结构，充分发挥消费税调节市场结构的作用，引导地方政府积极改善消费及营商环境，也有利于提高地方治理水平。

（2）所得税。

作为共享的企业和个人所得税，在我国地方税体系中的占比也较大，仅次于增值税。并且，从规模趋势上看，它们在税收中的地位越来越重要。改革和优化所得税的收入划分是完善分税制，建立地方税体系的重要一环。目前，我国所得税中央与地方的分享比例是 6∶4[①]。从税种属性上看，企业所得税的税基流动性强，受到经济环境的影响较大，波动性也较强，可以作为逆周期调节、稳定经济的政策工具，理论上适合作为中央税。同样，个人所得税也具有一定的周期性，税基流动性强，同时具有再分配功能和累进的特点，理论上也更适合作为中央税。

但是，考虑到相对于资本收入，劳动收入的税基流动性较小，地方政府单靠一些小税种难以满足地方公共服务支出需要。特别是在中低收入国家，中央征收的个人所得税覆盖范围、累进性和再分配作用

---

① 2002 年，对企业所得税和个人所得税收入实行中央和地方按 50∶50 比例分享；2003年，这个分享比例变为 60∶40。

都比较有限，而地方政府所承担的再分配职能则日趋增加。因此，考虑到阶段性和特殊性，地方政府也可以征收个人所得税，但需要选择单一税率，且地区间不能有太大差异性，以免造成税源的不稳定，或者以中央所得税附加的方式，以减少税收对要素流动和资源配置的扭曲。因此，综合来看，根据国情和税情，目前我国将两种所得税作为中央与地方的共享税收是比较合理的。

今后，为了进一步增加和稳定地方收入，配合地方税体系的构建和完善，可以考虑逐步提高所得税地方分享比例，或者将所得税按固定比例征收给地方，而中央则征收累进税部分。由此，所得税或将为地方政府提供相对稳定、可预期的收入，弥补地方收入缺口，有助于提高直接税占比及优化税制结构。同时，激励地方政府减少过度投资和重复建设的冲动，改善营商和生活环境，从而有利于高质量发展和国家治理现代化。

以个人所得税为例，2018年和2019年连续两年我国对个人所得税进行了重大改革，主要是调整了费用扣除标准，并修改了税率表，对合并部分劳动所得进行综合征收，实行按年汇总计算征税，这对大多数中低收入的纳税人来说有效降低了税负。但个人所得税制度目前仍有改进的空间。今后，应从我国实际出发，继续完善和落实这些措施，在合理确定基本减除费用标准的基础上，针对居民家庭的不同负担情况，适当增加有关家庭生计支出的专项附加扣除项目，进一步减轻纳税人负担；调整优化税率结构，进一步完善综合与分类相结合的个人所得税制度。其中，最重要的是逐步建立起完善的个人收入及财产信息系统。可立足于现有信息资源，在符合法律法规的前提下，利用大数据，合理确定系统归集个人收入和财产信息范围，建立健全标准规范和管理制度，实行信息分级分类管理和全程可溯的安全机制，强化安全技术保护，推动个人信息法律保护，从而有效确保信息安全和规范应用，也为完善个人财产性收入征税制度打下坚实基础。

（3）财产税。

由此，引发地方税体系中一个最为重要的部分，即财产税。从各国普遍经验来看，财产税是构建合理而可靠的地方税体系中不可或缺的组成部分，它不仅成为地方政府稳定的自有财源，而且也有利于逐步提高直接税比重，强化按要素征税的基本原则。特别是在目前我国的地方税体系中，几乎没有财产税的身影，而其他的地方税也基本上都是一些小税种，与规模明显更大的共享税相比，完善财产税显得尤为重要。

以房地产税为例，它是财产税中最为重要的一个稳定而持续的税种。一般而言，房地产税主要针对城镇居住用房，而房产税[①]主要是经营性住房，且在我国也已存续多年。然而，目前我国的房地产税一直以来处于缺位或错位状态。由于和房地产相关的税收分散在各个环节和领域，如开发环节的耕地占用税、城镇土地使用税、土地增值税、企业所得税及交易环节的增值税、契税、印花税以及居民转让环节的增值税和个人所得税等，同时还包括经营性房地产的房产税等。因此，要对房地产税进行改革，所涉及面广、难度大，在设计中可能存在税基评估、法理基础以及重复征税等问题。因此，我国真正意义上的房地产税改革实质性进展有限[②]。

而房地产税的推行又非常必要。今后的改革，既不能操之过急，也不能按兵不动，需要在完善资产档案和价格评估等基础上，找寻适当时机逐渐整合各个不同的税种，主要针对房地产保有环节持续征税，稳妥推进房产税的立法。从而，逐渐取代地方政府依赖"土地财政"，准确地说是依赖土地拍卖，出售土地的方式而筹集收入的现状。显然，这种在土地增量上获取收入的方式，受到总量的限制，也

---

① 房产税在我国历史较长，1986 年 9 月 15 日，国务院正式发布了《中华人民共和国房产税暂行条例》，从 1986 年 10 月 1 日开始实施。

② 2021 年 10 月，十三届全国人大常委会决定，授权国务院在部分地区开展房地产改革试点工作。这是房产税改革非常重要的信号，也说明今后房地产税的开征势在必行。

受到净利益下降的影响。而房地产税则是对土地存量的市值征税，其与地方财政收入密切相关。从国家治理的视角看，让房地产税真正成为地方政府最为稳定的财产税，不仅有利于其成为地方财政收入的主要来源，而且更重要的是，引导地方政府更加关注公共服务和公共品供给，不断完善投资环境等，从而提高治理水平。最终，使得房地产税与地方政府财政收入之间，形成一个良好的激励相容机制，完善的财产税制度建设，在增加地方政府收入的同时，也能从各个维度提高政府的治理水平。

3. 进一步规范中央与地方的税权

由于我国地域广阔，各地经济社会发展水平差异较大，只有考虑到这些差异，才能有助于因地制宜地健全中央与地方收入划分。党的十九届三中全会通过的《中共中央关于深化党和国家机构改革的决定》中就强调，"赋予省级及以下机构更多自主权，增强地方治理能力"。而税权就是地方治理的一个重要体现。一般而言，税权指地方税收管理权限，它是一个复杂争议颇多的概念，既包括立法权、行政权[①]和司法权等，也可以被分解为税收管辖权、征管权和收益权等。

在现有的财政分权体制框架内，我国税收立法权主要集中于中央，地方政府并不存在实际意义上的税收立法权。无论是中央税、共享税，还是地方税，地方政府只在中央政府制定的税收基本法律、法规范围内，在税率、税目适用方面享有一定解释权，在税收减免权方面享有一定自由裁量权。如，《车船税法》授权省级政府在法定税额幅度和国务院规定的范围内确定车辆的具体适用税额；《环境保护税法》授权省级政府统筹考虑环境承载能力、污染物排放现状和经济

---

① 税收行政权（也可称为税收执法权）又具体分为税收政策制定权、税收征管权和税收收入归属权等。

社会生态发展目标要求，在报同级人民代表大会常务委员会决定，并报全国人民代表大会常务委员会和国务院备案后，可在法定税额幅度内确定和调整应税大气污染物和水污染物的具体适用税额，等等。这在一定程度上抑制了地方政府的创造力和活力。

因此，下一步除继续不断培育地方税源外，还应赋予地方一定的税权，适当扩大地方税收管理权限，着眼于健全地方税体系的长效机制，可重点考虑地方专享税，权限主要集中在省级地方政府。因为，从税权划分角度看，地方税其实是地方政府拥有一定税收立法权、完整税收征管权和税收收入归属权的税种，而缺少完整税收征管权和税收收入归属权的税种都不能说是真正意义上的地方税。

今后，可以尝试将仅仅涉及区域性的税权交给地方，在中央统一立法的前提下，根据税种特点，通过立法授权，在税目和税率确定、调整以及税收优惠选择等权限上赋予地方政府（主要为省级政府）较大的税收管理权限。由此，逐步建立和完善规范、稳定、可持续的地方税体系。从这个意义上讲，适当扩大地方税权，调动地方政府的积极性，因地制宜加强税收积极性，也是增强地方治理能力的有力切入点，并能适时推动地方治理能力的提高。

综上所述，所有这些改革的政策建议都始终指向一个目标，就是逐步规范我国中央与地方的收入体系，特别是完善地方财政收入体系，在确保中央与地方财力格局稳定的基础上，进一步稳定地方财政收入，同时拓展地方收入来源，健全地方税体系。以期最终形成以共享税为主、专享税为辅的具有中国特色的中央和地方收入划分体系。当然，目前看来，这些改革均应在现有的财政制度框架内逐渐展开为宜。因为，中央与地方的收入改革，包括税制改革，其实远远超越了经济属性，不可能"独善其身"单独推进，必须考虑改革的系统性、整体性与协同性，并与其他制度同步推进。

三、其他相关配套领域的改革

如前所述，中央与地方财政关系改革虽然是经济体制改革的突破口和关键，但是也很难做到单枪匹马，独自推进，还需要其他相关改革的有效推进，以制度框架的基本建立为前置条件，才有可能发挥应有作用。特别是在目前外部环境更趋复杂严峻，国内经济社会发展各项任务极为繁重艰巨的情况下，更需注重改革的同步协调性。

（一）继续推进要素市场化改革

要素市场是市场体系重要的组成部分，其主要包括金融、劳动力、土地、技术和产权等市场。建立统一开放、竞争有序的要素市场体系，是实现市场在资源配置中起决定性作用的前提和基础。目前，由于受到很多机制体制的制约，我国要素市场的改革仍相对滞后，很多领域并没有真正实现市场化，反而是计划与市场并存的现象频现，这也导致了这些市场的价格信号不明显，对市场的供求反应不足，进而全要素生产率、劳动生产率以及潜在的经济增长率等很多指标受到影响，也对我国中央与地方财政关系改革产生了不确定的作用。2021年1月中共中央办公厅、国务院办公厅印发了《建设高标准市场体系行动方案》，这是加快完善社会主义市场经济体制的重要内容，对加快构建以国内大循环为主体、国内国际双循环相互促进的新发展格局具有重要意义。这也是从有效市场与有为政府紧密结合的角度，系统而精准地刻画了高标准市场体系的内涵与外延，对完善要素市场具有重要的指导意义。

下一步，在推进要素市场的改革中，要特别注意金融要素市场，其处于改革的核心地位。众所周知，我国的财政与金融具有紧密的内在联系，虽然它们有各自的运行规律，但两者关系密切，同为宏观调控的重要手段，需相互配合，提高政策融合和协调的科学性，才能更好地作用于宏观经济，并由此形成系统性的宏观经济治理体系。并且，中央与地方财政关系中面临的软预算约束问题，即，地方财政与正式及非正式金融的复杂关系，也需要金融要素市场的不断深化改革。目前我国金融市场功能还不够健全，特别是直接和间接融资不协调，退出和定价机制也不完善；双向开放程度有待提高，抑制了资本市场的发展。今后要继续完善利率的市场化、健全相关信贷体系等，通过市场化的资产价格引导资源配置，从而构建起完善的多层次资本市场。

劳动力要素市场也和中央与地方财政关系改革紧密相关。我国劳动力市场的结构性矛盾突出，表现为劳动力供需不匹配，特别是户籍制度不能有效保障社保、教育、医疗等方面的利益，而这些均与财政息息相关。今后，除了要充分发挥市场在人力资源配置中的决定性作用外，还应和中央与地方财政关系的改革相互配合，通过户籍制度改革等，使得流动人口也能拥有相应的财政资源，不断推进基本公共服务均等化，促进新型城镇化进程，从而真正改善教育公平，提升人力资本水平。

在土地要素市场上，目前市场化水平也偏低。虽然 2018 年，我国修改了《农村土地承包法》，将农村土地实行的"三权分置"制度法制化，使得承包农户的权益得到更有效的保障。但现实中，还是存在城乡土地二元分割的现象，造成使用结构的不合理等问题。今后，应继续深化和完善农村土地承包关系，引导经营权的有序流转，在城市建筑用地方面进一步规范化，建立城乡统一的建设用地市场，从而优化土地资源的配置效率。

此外，在产权要素市场上，虽然目前产权市场已基本实现了全覆盖，形成了较为完备的产权交易制度和规则体系，但其功能并没有得到充分发挥，定位还有待明确，也缺乏统一战略规划和信息系统。在技术市场上，更是经历了从无到有，交易规模和质量明显提高的发展，模式也更加多元化。但技术要素市场的体制机制还不健全，缺乏相关法律法规，多部门协调促进的机制尚未形成，还需要深化改革，进一步提高市场的规范化程度。总之，不管在哪一种要素市场上，都应依法促进各个市场主体间的公开公平竞争，维护市场秩序，更好地发挥市场在资源配置中的决定性作用。

（二）加快推动政府治理改革

本书是从国家治理的视角来研究中央与地方财政关系改革，加快推动政府治理改革也是题中应有之义。作为多层级国家治理体系，我国政府架构一共有五级，但在政府治理上却通常被视为中央与地方两层级，并且在中央与地方财政关系研究上，也较多从两级政府的视角出发。因此，推动政府治理也相应地有两层意思。一是，完善中央与地方（即省级政府）政府的治理体系；二是，完善省级政府以下，即基层政府的相关治理。前者，在相关的章节中均有所论述，包括从顶层设计上加以完善，调动起中央和地方两个积极性等。后者，则要不断增强基层政府的自主发展能力。由于，我国的分税制并未在省以下的政府全面推进，各个基层政府与省级政府间的财政关系，及其具体财政措施也并不统一，特别是县以下政府行政层级的划分和目前财政体制改革还不相适应，难以达到每级财政都对辖区内负有财政平衡的责任，会出现基层政府财政供给能力不足等现象。今后要继续在委托代理的整体治理框架下，优化基层政府间的财政关系，使得省级政府不仅能考虑本级政府的财政平衡责任，还要对省以下各个市及县的财政负责，以此类推，加强财政的可支配性，真正形成"分税制"所要求的政府间财政关系。

当然，追根溯源，不管是加强中央还是地方政府的治理，都需要不断完善我国政府机构的改革，从优化政府组织架构出发，深入推进政府职能的真正转变。首先，从政府间权力配置的前提来看，要法治化政府的权力，由政府行政化的权力配置模式转向制度化的权力配置模式，这有点类似于分权上从行政性分权走向制度性分权，提升政府治理的法治化水平。

其次，不断规范地方政府行为，设计合理的激励约束机制。目前，从机制上看，我国还是主要靠升迁激励机制，来维持中央与地方财政关系中的政治性激励，但这属于"从上而下"的激励，其可持续性取决于中央政府的权威性。随着经济发展以及高质量发展的要求，今后还应不断优化中央与地方政府的考核监督体制，理顺升迁机制。比如，各个地方政府应以有利于长期发展和社会进步等方面的指标，即高质量发展为目标，积极建设和完善服务型政府。在考核机制中，可以考虑公众在分权激励机制中的作用，比如让公众作为投票人来评估地方政府，特别是促使其提供有效的公共品和公共服务。这就涉及我国政治体制及相应社会管理制度的部分改革。由此，也更加贴近财政的本意，不断增强人民的获得感。

此外，还可以考虑适当减少政府的层级，优化各级政府规模，严格控制财政供养人员的总量，减轻基层财政的压力，也降低各类信息传递的遗漏，利用大数据等信息手段，使政府更高效地履行相应职能等。当然，归根到底，推动政府治理改革也隐含着中央与地方财政关系改革，两者相辅相成，缺一不可，只有协调推进，才能达到良好的效果。

（三）不断完善相关法律制度

法律制度的完善在前述相关政策建议中也都有所涉及。概括而言，就是要在制定一些相关基本法律的基础上，建立起具有权威性的整体财政法律框架，加快建立完善的法律体系。目前，我国中央和地方财政关系还仅仅是根据中央的"决定"或"通知"，缺乏法律上的清晰界定，使这种财政关系具有不稳定性和不确定性，也存在一定的潜在财政风险。从中央与地方财政关系改革上看，无论是转移支付，还是税收，最终都要落实到法律上。比如，近年来，贯彻和落实税收法定的进程就在不断加快之中，特别是党的十八大之后，密集出台了一系列的相关税法。在此之前，现行的 18 个税种中，很多税种的暂行条例已实施 20 余年。而截至 2021 年底，立法的税种达 12 个，如环境保护税法、烟叶税法、资源税法、契税法、城市维护建设税法、印花税法等，而这一数量在 2012 年仅为 3 个。可见，我国正在经历着自分税制改革以来，最为明显的一次税制变革。

今后，除继续出台相关税法，逐步实现税收的法定化，以税收法治推进中央与地方政府收入行为的法治化以外，还要在新修订的《预算法》基础上，不断推进和研究其他相关法律的出台，如《财政基本法》《转移支付法》以及《中央与地方财政关系法》等，以此明确政府与市场、政府与社会以及各级政府之间的关系，推进整个政府财政支出的法治化，使得包括中央与地方财政关系在内的各项财政规章制度，都具有规范性和权威性，以适应国家治理现代化和法治化的要求，真正做到依法治国。

总而言之，财政改革是一项系统性工作，作为国家治理的基础与重要支柱具有复杂性，需要把握好方向，明确目标。而中央与地方财政关系改革作为其中最关键的部分，也是国家治理的核心，要建设现代化治理体系和治理能力，必须建立现代化的中央与地方财政关系，保持必要的中央财政汲取能力和财政集中度，又要调动地方政府的积极性。当然，最终还是要根据我国发展阶段和现有体制，摸索出一条具有中国特色的中央与地方财政关系改革之路，建设高质量的财政体制，实现现代化的中央与地方财政关系，全面助力建设社会主义现代化国家。

参 考 文 献

[1] 丁菊红. 我国政府间事权与支出责任划分问题研究 [J]. 财会研究, 2016 (7): 10 - 13.

[2] 丁菊红. 近年来我国中央一般性转移支付问题研究 [J]. 经济研究参考, 2015 (44): 21 - 28.

[3] 于树一. 论国家治理框架下事权和支出责任相适应的政府间财政关系 [J]. 地方财政研究, 2015 (5): 11 - 16.

[4] 马万里. 府际财政关系及其财政分权的有效运行 [J]. 改革, 2014 (8): 72 - 80.

[5] 马拴友, 于红霞. 转移支付与地区经济收敛 [J]. 经济研究, 2003 (3): 26 - 33.

[6] 马骁, 周克清. 国家治理、政府角色与现代化财政制度建设 [J]. 财政研究, 2016 (1): 2 - 8.

[7] 王华春, 于达. 财力与支出责任匹配下的地方政府环境治理研究 [J]. 经济体制改革, 2017 (6): 153 - 160.

[8] 王曦, 陈中飞. 中国城镇化水平的决定因素: 居于国际经验 [J]. 世界经济, 2015 (6): 167 - 192.

[9] 付文林, 沈坤荣. 均等化转移支付与地方财政支出结构 [J]. 经济研究, 2012, 47 (5): 45 - 57.

[10] 吕炜, 陈海宇. 中国新一轮财税体制改革研究 [J]. 财经问题研究, 2014 (1): 3 - 11.

[11] 任一, 周立群. 多元主义与合作主义——国家治理与我国商

协会体制探索［J］. 学术研究，2008（6）：55-60.

［12］刘卓珺，于长革. 中国财政分权演进轨迹及其创新路径［J］.改革，2010（6）：31-37.

［13］刘尚希. 财政改革四十年的逻辑本质［J］. 中国财政，2018（21）：7-9.

［14］刘畅，刘冲. 灾害冲击、"大饥荒"与内生的财政分权［J］.经济社会体制比较，2015（3）：44-55.

［15］刘承礼. 政府间分权能否改革地方治理：一个文献评述［J］.国外理论动态，2015（10）：118-126.

［16］安苑，王珺. 财政分权与支出偏向的动态演进——基于非参数逐点估计的分析［J］. 经济学家，2010（7）：42-50.

［17］杨志勇. 政府间财政关系的规范化应更加注意调动中央和地方两个积极性［J］. 中国财政，2014（1）：24-26.

［18］李永刚. 中国地方政府债务负担及化解对策［J］. 上海财经大学学报，2013（2）：77-83.

［19］李欣. 世界主要国家财政运行报告（下）——印度［J］. 经济研究参考，2016（69）：47-76.

［20］李俊生，乔宝云，刘乐峥. 明晰政府间事权划分，构建现代化政府治理体系［J］. 中央财政大学学报，2014（3）：3-10.

［21］李萍. 中国政府间财政关系图解［M］. 北京：中国财政经济出版社，2006.

［22］吴一平. 财政分权、腐败与治理［J］. 经济学（季刊），2008（3）：1045-1060.

［23］吴丹，国家治理的多维绩效贡献及其协调发展能力评价［J］.管理评论，2019，31（12）：264-272.

［24］何增科. 国家治理现代化与近现代大国崛起研究引论［J］.复旦政治评论，2018（1）：9-20.

［25］辛向阳. 百年博弈：中国中央与地方关系100年［M］. 济

南：山东人民出版社，2000.

［26］张军．分权与增长：中国的故事［J］．经济学（季刊），2008（1）：21－52.

［27］张卓元．中国理论经济学60年的重大进展［J］．社会科学管理与评论，2009（3）：8－22.

［28］张德勇，孙琳．新中国财政体制70年［M］．北京：中国财政经济出版社，2020.

［29］范子英，张军．财政分权、转移支付与国内市场整合［J］．经济研究，2010（3）：53－64.

［30］罗伯特·罗茨．新的治理：没有政府的管理［M］．南昌：江西人民出版社，2001.

［31］周黎安．转型中的地方政府：官员激励与治理（第二版）［M］．上海：格致出版社，2017.

［32］俞可平．论国家治理现代化［M］．北京：社会科学文献出版社，2014.

［33］贾俊雪，郭庆旺，宁静．财政分权、政府治理结构与县级财政解困［J］．管理世界，2011（1）：30－39.

［34］倪星．地方政府绩效评估指标的设计与筛选［J］．武汉大学学报（哲学社会科学版），2007（2）：157－164.

［35］徐湘林．国家治理的理论内涵［J］．人民论坛，2014，1（10）：31.

［36］高奇琦．国家参与全球治理的理论与指数化［J］．社会科学，2015（1）：3－12.

［37］高培勇．把握积极财政政策配置格局的深刻变化［N］．经济日报，2019－05－17（015）.

［38］唐未兵，伍敏敏．财政分权与资源配置效率关系研究进展［J］．经济学动态，2017（4）：122－132.

［39］黄杰华．改革开放以来财政体制改革历程：一个文献综述

[J]. 改革, 2014 (11): 74 – 79.

[40] 焦建华. 超大规模国家治理: 建党百年央地财政关系的探索与实践 [J]. 财政监督, 2021 (13): 13 – 22.

[41] 楼继伟. 中国政府间财政关系再思考 [M]. 北京: 中国财政经济出版社, 2013.

[42] 詹姆斯·N. 罗西瑙. 没有政府的治理 [M]. 张胜军等译. 南京: 江苏人民出版社, 2001.

[43] 蔡昉, 都阳, 王美艳. 劳动力流动的政治经济学 [M]. 上海: 上海人民出版社, 2003.

[44] 樊纲, 王小鲁, 马光荣. 中国市场化进程对经济增长的贡献 [J]. 经济研究, 2011 (9): 4 – 16.

[45] 薛澜, 张帆, 武沐瑶. 国家治理体系与治理能力研究: 回顾与前瞻 [J]. 公共管理学报, 2015, 7 (12): 1 – 12.

[46] 中共中央党史研究室. 中国共产党历史 (第二卷) [M]. 北京: 中共党史出版社, 2011.

[47] Altunbas, Y. and J. Thornton, Fiscal Decentralization and Governance [J]. Public Finance Review, 2012, 40 (1): 66 – 85.

[48] Arrow, K J. Social Choice and Individual Values [M]. John Wiley and Sons, Inc., 1951.

[49] Au C. C., and Henderson J. V., How Migration Restrictions Limit Agglomeration and Productivity in China [J]. Journal of Development Economics, 2006, 80 (2): 350 – 388.

[50] Bardhan, P. and Dilip Mookerjee. Corruption and Decentralization of Infrastructure Delivery in Developing Countries [J]. Economic Journal, 2006 (116): 101 – 127.

[51] Besley, T. and Stephen Coate. Centralized Versus Decentralized Provision of Local Public Goods: A Political Economy Approach [J]. Journal of Public Economics, 2003 (87): 2611 – 2637.

［52］Blanchard, O. , and A. Shleifer. Federalism with and without Political Centralization: China Versus Russia ［J］. IMF Staff Papers, 2001, 48（1）: 171 – 179.

［53］Brueckner J K. Fiscal Decentralization with Distortionary Taxation: Tiebout vs. Tax Competition ［J］. International Tax and Public Finance, 2004（11）: 133 – 153.

［54］Buchanan, James M. The Demand and Supply of Public Goods ［M］. Rand. Mcnally & Company, 1968.

［55］Cai H B, Treisman D. Does Competition for Capital Discipline for Discipline Governments? Decentralization, Globalization, and Public Policy ［J］. American Economic Review, 2005, 95（3）: 17 – 830.

［56］Chu, J. and X. P. Zheng. China's Fiscal Decentralization and Regional Economic Growth ［J］. Japanese Economic Review, 2013, 64（4）: 537 – 549.

［57］Dewatripont, M. and E. Maskin. Credit and Efficiency in Centralized and Decentralized Economies ［J］. The Review of Economic Studies, 1995, 62（4）: 541 – 555.

［58］Fudenberg D. , and Jean Tirole. Game Theory ［M］. Cambridge Mass. : MIT Press, 1991.

［59］Gambetta D. Corruption: An Analytical Map. //Political Corruption in Transition: A Skeptic's Handbook ［M］. Budapest: Central European University Press, 2002.

［60］Glaeser, Edward, Rafael La Porta, Florencio Lopez – de _ Silanes and Andrei Shleifer. Do Institutions Cause Growth? ［J］. Journal of Economic Growth, 2004, 9（3）: 271 – 303.

［61］Grossman, S. J. , and O. D. Hart. The Cost and Benefits of Ownership: A Theory of Vertical and Lateral Integration ［J］. Journal of Political Economy, 1986（94）: 449 – 460.

［62］ Groves, T., and J. Ledyard. Optimal Allocation of Public Goods: A Solution to the Free Rider Problem ［J］. Econometrica, 1977 (45): 783 – 809.

［63］ Jin, H., Y. Qian, and B. R. Weingast. Regional Decentralization and Fiscal Incentives: Federalism, Chinese Style ［J］. Journal of Public Economics, 2005, 89 (9 – 10): 1719 – 1742.

［64］ Moges, A. G. Fiscal Decentralization Reform in Japan: Approach, Policy and Practical Challenges ［J］. International Journal of Public Policy, 2013 (1) 32: 23 – 46.

［65］ Mookherjee, Dilip and I. P. L. Png. Corruptible Law Enforcers: How Should They Be Compensated? ［J］. Economic Journal, 1995 (105): 145 – 159.

［66］ Musgrave, Richard. Theory of Public Finance: A Study in Public Economy ［M］. New York: McGraw, 1959.

［67］ Naughton, B. The Chinese Economy: Transition and Growth ［M］. London: The MIT Press, 2007.

［68］ Oates, Wallace E. An Essay on Fiscal Federalism ［J］. Journal of Economic Literature, 1999, 37 (3): 1120 – 1149.

［69］ Perez – Sebastian, F. and O. Raveh. The Natural Resource Curse and Fiscal Decentralization ［J］. American Journal of Agricultural Economics, 2015: 112.

［70］ Prud' homme, R. On the Dangers of Decentralization ［J］. Policy Research Working Paper, The World Bank, 1994, 1252 (64): 416 – 424.

［71］ Qian, Y. and Gerald Roland. Federalism and the Soft Budget Constraint ［J］. The American Economic Review, 1998, 88 (5): 1143 – 1162.

［72］ Qin, B. and Zhang, Y. Note on Urbanization in China: Urban

Definitions and Census Data [J]. China Economic Revies, 2014, 30: 56 –89.

[73] Rhodes R. The New Governance: Governing Without Government? [J]. Political Studies, 1996, 44 (4): 652 –667.

[74] Tanzi V. The Future of Federalism [J]. European Journal of Political Economy, 2008, 24: 705 –712.

[75] Tirole, J. Incomplete Contract: Where Do We Stand [J]. Econometrica, 1999, 67: 741 –781.

[76] Zhang Tao, Zou Heng – fu. Fiscal Decentralization, Public Spending, and Economic Growth in China [J]. Journal of Public Economics, 1998, 67: 221 –240.

[77] Zhuravaskaya, Ekaterina V. Incentives to Provide Local Public Goods: Fiscal Federalism, Russian Style [J]. Journal of Public Economics, 2007, 76: 337 –368.

后　记

　　中央与地方财政关系改革是一个处于不断变化中的重大课题，也是目前我国诸多改革中较为艰难和亟待解决的问题，涉及中央与地方财政权力及相关责任的分配和平衡等。在本书的写作过程中，中央和地方都先后出台了不少重要的相关政策和文件，如：中央与地方财政事权和支出责任划分改革方案、新修订的《预算法实施条例》等。这些都为研究提供了丰富的素材，但同时也对不断更新研究提出了挑战。在写作中，经常发现我国财税领域的实践步伐往往领先于理论研究。尤其这两年来，全球遭遇新冠肺炎疫情的冲击，国内外经济形势发生了较大变化，中央与地方财政关系改革也遇到了一些新情况，相关理论和实践的步伐持续向前迈进。在本书完成之际，回顾整个研究，感慨良多，不足和缺憾也逐渐浮现。

　　本书初衷是从国家治理视角研究中央和地方财政关系改革，但仅将地方政府视为一个整体，对其内部构成，如地市、县区和乡镇，并没有细化。因此，对省以下财政关系改革问题，如乡财县管、省直管县等，未做具体研究。由于我国幅员辽阔，地区差异性大，财政情况迥异，很难用一刀切的方式来处理省以下财政体制改革问题，需进行深入的实地调研，从而提出符合实际的改革政策及措施。限于研究重点，本书未就此展开。此外，本书侧重从宏观上研究中央与地方财政关系改革，特别是事权与支出责任划分改革等，对其他一些相关领域，如预算改革、税收改革等，虽有所涉及但未详细展开。需要说明的是，这三方面其实是有机联系、相互贯通的，有时很难完全分开。因为任何一方面的改革都需其他两者的配合，否则就会延缓整个财政关系改革的进程。由于本书聚焦于"中央与地方财政关系改革"，未对其他两方面做充分论述，而这也是今后融合研究的一个重要方向。比如中央与地方收入划分，即税收体制改革，需建立在中央与地方支出责任框架基本确定的基础之上；而同时，中央与地方财政关系调整又要以税收改革，即地方税体系在内的整个税收制度有重大突破为依据，两者缺一不可。这一系列具有挑战性的问题，留待日后继续深究。

总之，研究往往是遗憾的，对本书而言同样如此。书稿撰写的终结，不仅不是研究的终点，而往往是新研究的起点。写作中不断涌现的新实践、新问题和新灵感，也成为今后研究的方向，而这正是科研的魅力所在。中央与地方财政关系改革是一个永远也写不完，研究不尽的课题。今后，还将在此基础上继续深挖厚掘，将中央与地方财政关系改革嵌入整个宏观经济治理中，一方面，充实和发展具有中国特色的财政学理论；另一方面，也为跟进和推动实践发展提出更多有益的政策建议。

丁菊红

2022 年 3 月